Niklas Ehrentreich:
Rahmen und Reiz

Rahmen und Reiz

Niklas Ehrentreich

Fast zwei Jahre lang hat sich Niklas Ehrentreich, Autor und Slam Poet, Woche für Woche der Herausforderung gestellt, zusammen mit geladenen Gästen neue Texte zu verfassen. Gegenseitig haben sie sich je eine Schreibaufgabe gegeben, sie bearbeitet, das Entstandene ausgetauscht, überarbeitet, schließlich veröffentlicht.

Dieses Buch versammelt 39 Gedichte und Wortcollagen, Geschichten und Essays, die das Projekt hervorgebracht hat. Es bündelt zudem Schreibimpulse und Denkanstöße zum Ausprobieren und Austauschen für Neugierige und Profis. Und es zieht Bilanz: Teamwork beim Texten, Ideen von außen, Kreativsein als Wochenaufgabe – was lässt sich dabei übers Schreiben lernen?

1. Auflage 2024
© 2024 Brimborium Verlag Leipzig
Alle Rechte vorbehalten.

Lektorat: Natalie Friedrich

Covergestaltung und Textsatz: Büro 222, Lina Lutz
Gestaltungsimpuls: Gestalte ein Cover und verwende dafür einen Stift, den du nie absetzen darfst.

Titel-Collagen: Moritz Konrad

ISBN 978-3-949615-11-5

Inhalt

Einleitung

Was dieses Buch ist und wie du es benutzen sollst 10

Genesis 14

Auf Neuland wird man am besten geschubst 18

Grenzen öffnen Räume 22

Schreiben ist immer Teamwork 26

Feedback ist schwer, aber unverzichtbar 30

Du schaffst mehr, als du denkst 36

Perfektionismus ist dein Feind 41

Über Texte sprechen verbindet 45

Eigene Texte

Neubezug 50

Aufsicht gesucht 58

Ein Pionier 62

Wutrot 67

Platzregen 72

Emma ist weg 76

Neunzehn Stufen 80

Zum Mitnehmen, bitte 85

Bei Nacht	90
Drei Sünden	95
Man muss auch mal das Potenzial erkennen	98
Ein Topf voll Gold	103
Von der klaren Sprache	110
Der Ameiseneffekt	112
Bis es brennt	117
Es war, ähm, einmal	119
Byebye, Kokosnussinsel	122
Where art thou?	127
Die Gabel (oder nicht?)	137
Wie es endet	139
Nachbarschaftshilfe	141
Frau mit Seidenschal	147
Das Frühstück	152
Bei jedem müden Schritt	155
Lob der Faulheit	157
Der Schatten	161
Eine Frage danach	165
Wohl bekomm's	168
Blaue Stunde	173
Woran es fehlt	175

Gastautor*innen

Wenn das Leben dir Hühner schenkt, mach Eierlikör oder geh demonstrieren *Sylvie LeBonheur*	182
KANTATE DER PRIVATEN RAUMFAHRT *Jonathan Löffelbein*	187
Zu Besuch *Josephine von Blueten Staub*	190
Gut soweit *Yannick Sellmann*	195
Ruhe und Ordnung, Recht und Gesetz, Knüppel und Knast — Lärm und Orgasmus, Liebe und Zuwendung, Stirnkuss und Rücken *Jonas Galm*	199
To Do Liste *Elias Hirschl*	203
Die Nacht am Fluss *Malin Lamparter*	206
zum beispiel *Lukas Diestel*	208
endlos *Pauline Puhze*	213
Die Schreibimpulse	219
Danke	237

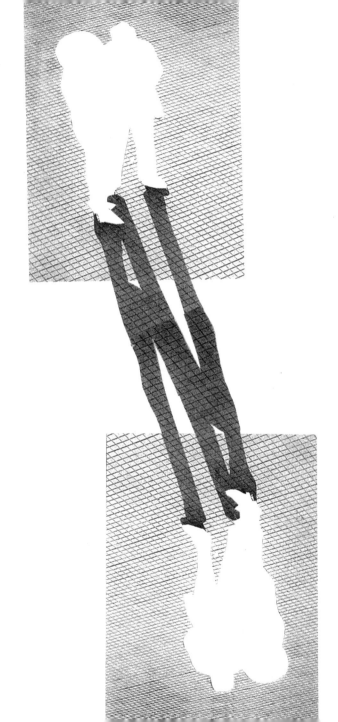

Einleitung

Einen Text zu beenden ist erstmal viel wichtiger, als ihn gut zu schreiben. — Yannik Ambrusits

Was dieses Buch ist und wie du es benutzen sollst

Okay – »sollst«, das ist ein starkes Wort. Du »kannst« mit diesem Buch natürlich machen, was du magst: es einfach von vorne nach hinten lesen, das wäre die unoriginellste Variante, wenn auch bewährt, zugegeben. Irgendwo in der Mitte anfangen, wie das bei Textsammlungen immer gut möglich ist. Vielleicht wirst du einen Stapel Kassenzettel beschweren, die noch abgeheftet werden müssen. Seit drei Jahren. Du kannst aus dem Buch viele kleine Papierflieger bauen – immer vorausgesetzt, diese Ausgabe von *Rahmen und Reiz* gehört dir, steht dir frei, zu tun und zu lassen, was immer dir gefällt.

Aber ich denke mir das so: Fang vorne an, lies bis zu einem gleich noch vorgeschlagenen Punkt, blättere dann zum Ende durch, nimm dir ein Schreibwerkzeug deiner Wahl und mach dich selbst an die Arbeit. Schreib einen Text, dann noch einen, und wenn du rausfinden magst, wie andere sich der gleichen Mission genähert haben, dann springst du im Buch hin und her und vergleichst – nicht prüfend auf richtig und falsch, das führt zu nichts, sondern mit kollegialer Neugier.

Denn dieses Buch ist das Ergebnis eines Abenteuers, das genau darauf gründete: auf dem Nicht-zu-lange-nachdenken, auf dem Einfach-erstmal-machen. Fast zwei Jahre, rund einhundert Wochen lang, habe ich jeden Montag einen Gast zu meinem Blog-Projekt eingeladen und wir haben uns gegenseitig Schreibaufgaben gegeben. Dabei war völlig freigestellt, worin diese Aufgabe bestehen könnte. Ein Gedicht über Suppe? Klar! Eine Geschichte ohne Ort? Wenn's mehr nicht ist ... Es gab Zufallsimpulse als Ausgangspunkt, Repliken auf berühmte Werke; vielleicht wurde ein Buchstabe zum Tabu erklärt oder eine sehr spezielle metrische Form verlangt. Gestellt wurden Fragen, Rätsel, immer aber: eine Herausforderung.

Im Laufe der sieben zur Verfügung stehenden Tage, dem gesteckten Rahmen, haben wir die Aufgaben dann angepackt und die Texte ausgetauscht, mal als grobe Skizzen, mal als erste Entwürfe, mal als vermeintlich fertige Stücke. Per Mail oder Zoom-Call, am Telefon oder auf WhatsApp haben wir uns Feedback gegeben und sind ins Gespräch gekommen. In jedem einzelnen Satz dieses Buches steckt also eine große Dosis Kooperation; der vom Gegenüber gesetzte Impuls, der Reiz also, war der Ausgangspunkt, in ganzen Absätzen steckt die Handschrift dieser anderen Person. Manche Pointe ist geborgt, mancher Gedanke im Dialog entstanden. Und das ist der nächste Hinweis zur sachgemäßen Verwendung dieses Buches: Hol dir jemanden dazu. Probiere aus, wie es ist, auch unreife Zeilen an die frische Luft zu lassen und sie einer Person zu zeigen, deren Meinung du schätzt. Übe dich umgekehrt in der Kunst, anderen Orientierung darin zu geben, was ihrem Werk womöglich fehlt, wo es allzu wild wuchert, wo genau es aber auch berührt und unerwartet viel Freude macht.

Am Ende jeder Schreibwoche stand die Veröffentlichung. Auf meinem Blog sind alle hier abgedruckten Texte, eigene und von Gästen verfasste, bereits erschienen, und ich habe meine seitdem höchstens minimal verändert. Teil ihrer DNA ist das Tempo, mit dem wir einen Gedanken betrachtet, gemeinsam ein paar Mal gewendet und dann in die Welt entlassen haben. Wie gelungen die Texte in der Rückschau noch erscheinen, das variiert, wobei hier natürlich vor allem diejenigen gelandet sind, die ich nach der seit dem Verfassen vergangenen Zeit mit Vergnügen noch einmal kennengelernt habe.

Klar ist: Manche Wochen boten nicht den Raum und die Zeit, mich wirklich auf die Aufgabe einzulassen. Nicht jeder Impuls brachte im gleichen Maß die Kreativität in Schwung – was ebenso sehr an mir liegt wie an der Art des Reizes. Es ist Unfug entstanden und es wurden schwere Geburten erlitten. Trotzdem habe ich es nie bereut, auch solche Ergebnisse mit der Welt zu teilen, die mich skeptisch zurückließen, wenn der Blog mit frischem Inhalt gefüttert war. Und das ist der letzte Nutzungshinweis: Zeig das, was du machst, auch in größerer Runde her und lass dich überraschen von dem, was passiert. Du kannst unmöglich erahnen, woran andere Gefallen finden und was ganz unerwartet Schiffbruch erleidet. Beides ist völlig okay. Und wertvoll.

Wenn du möchtest, dann leg jetzt los. Alle Schreibaufgaben sind ganz hinten im Buch zu finden. Diejenigen, deren Umsetzung aus dem Projekt ihren Weg ins Buch gefunden haben, sind mit der entsprechenden Seitenzahl versehen – aber probiere es unbedingt erst einmal selbst aus, ehe du schaust, was jemand anderes aus dem Impuls gemacht hat. Weder meine Gäste noch ich wissen besser, wie das klingen soll. Woher auch?

Vielleicht hast du aber auch Lust, davor noch meine in den letzten beiden Jahren gereiften Gedanken zum Kreativsein zu lesen. Ich habe mir dazu Rat von denen geholt, die die Erfahrung mit mir geteilt haben; von meinen Gästen. Mal sind ihre Reflexionen in meine eingeflossen, haben diese bestärkt oder eingeordnet, ergänzt oder konterkariert. Immer wieder habe ich aber auch direkt auf ihre Antworten zurückgegriffen; dann sind Zitate eingefügt und kenntlich gemacht.

Alle Gäste schreiben mehr oder minder professionell. Viele kommen, wie ich, aus dem Poetry Slam, verfassen

Songtexte, Theaterstücke oder Reden, veröffentlichen Romane, sind im Kabarett oder auf der Comedy-Bühne aktiv, haben Podcasts, eine Twitter-Gefolgschaft, eigene Verlage, Zeitschriften, Kunst-Kollektive. Es ist ein Fundus an Erfahrungen zusammengekommen, auf den ich stolz bin. Falls du dir davon Anregung versprichst: Lies nach, was ich gelernt habe, ehe du loslegst. Falls nicht, dann nicht. Es ist an dir. Auch die althergebrachte Art, einfach Text um Text zu lesen und, wenn überhaupt, erst ganz zum Schluss selbst ans Werk zu gehen, steht dir frei. Und dass Kassenzettel nicht durch die Gegend fliegen sollen, ist im Zweifel ja durchaus ein würdiges Anliegen. Danke in dem Fall extra dafür, dass du das Buch gekauft oder dir hast schenken lassen.

Ich weiß auch das zu schätzen.

Spiekeroog im Sommer 2023

Genesis

Will ein Stipendium jetzt Summe egal
Hauptsache mit tighter deadline ich mach doch
sonst nix wer gibt mir eins 5€ oder so?
— @niksalsflausen auf Twitter

Mit diesem Tweet vom 18. Mai 2021 hat alles angefangen. Ob Twitter bei Erscheinen dieses Buches bereits vollends implodiert ist (vermutlich) oder unter dem neuen Namen zu neuer Blüte erwacht (kaum), kann ich nicht absehen, aber immerhin habe ich der Plattform alles hier Folgende ein Stück weit zu verdanken. Auf Satzzeichen zu verzichten, das gehört zum guten Ton, schauen wir also weniger genau auf die Sprache des Beitrags als vielmehr auf den dahinterliegenden Gedanken: Warum gelingt es mir immer, mit einem äußeren Auftrag auf den Punkt Ergebnisse abzuliefern, wie gering der Lohn auch sei? Warum bleiben so viele eigene Projekte und Ideen unterdessen zuverlässig auf der Strecke? Kann ich meinen eigenen Diensteifer nicht gegen den inneren Schweinehund wenden, der zuverlässig meine kreativen Hausaufgaben frisst und es sich auf den Resten für ein Nickerchen bequem macht? Was, wenn ich einfach andere aufrufe, mich auf einen Termin, ein Thema zu verpflichten?

Es gibt verschiedene Apps, die dazu motivieren sollen, ausreichend Wasser zu trinken. Eine davon habe ich eine Weile lang genutzt. In ihr zieht man eine Pflanze groß, die mächtig durstig ist; und immer dann, wenn sie per Display-Druck auf dem Bildschirm einen Schluck Wasser zu trinken bekommt, dann soll man das selbst auch tun. Wird sie nicht ausreichend gehegt, dann geht sie ein, mit traurigem Gesicht und zunehmend bedenklicher Körperspannung, bis nur noch ein trockener Stumpf zurückbleibt. Als Teil der Generation Tamagotchi und Zeitzeuge des Erscheinens von »Die Sims«, dem Original gewissermaßen, leuchtet mir das Prinzip sofort ein: Wer könnte einer niedlichen, scheinbar lebendigen Manifestation der Unschuld und Lebensfreude den Dienst versagen? Und warum dann nicht gleich die daran geknüpfte Erinnerung nutzen, selbst die Zellen ein wenig zu erfrischen? Unter den vorwurfsvoll hängenden Blättern meiner ums Überleben kämpfenden echten Zimmerpflanzen hydrierte ich mich einige Monate lang so gut wie nie und stellte meine digitalen Sprösslinge, die putzige Namen trugen, irgendwann ausgewachsen waren und als Trophäen dienten, stolz ins virtuelle Regal.

Was das mit dem Projekt zu tun hat? Nun – es ist offenbar so, dass wir uns anderen gegenüber stärker verpflichtet fühlen als uns selbst, im Zweifel sogar animierten Sonnenblumen. Natürlich sollte es sich jeder Mensch, der kreativ arbeitet, wert sein, das eigene Bedürfnis nach Verwirklichung von Ideen und Vorhaben auch zu befriedigen. Wenn man da nicht immer so nachsichtig mit sich wäre, und so ekelhaft ungnädig zugleich. Einerseits ist keine Ausrede zu billig: Ging eben nicht, musste zuerst die vertrocknete Balkonbepflanzung entsorgen, das ZEIT-Rätsel lösen und YouTube zu Ende gucken. Ah ja, dann. Klar. Aber eben auch: Was soll das? Wer soll das lesen? Die Idee kann halt echt nichts, lass mal sein. So wären wie zueinander, hoffe ich, selten. Weder würden wir es uns bieten lassen, immer wieder mit Fristen und Abgaben versetzt zu werden, noch wären wir den Ergebnissen gegenüber so abwertend und geringschätzig.

Wenn die innere Stimme also so schlecht darin ist, uns zu motivieren und angemessen zu würdigen, dann ist es eben ein Gegenüber, das beides leisten kann. Auftraggeber*innen setzen in meinem Beruf Fristen, die einzuhalten schon die Notwenigkeit des Broterwerbs gebietet. Aber darum geht es fast weniger als um die Selbstverständlichkeit, ein Versprechen, eine Verabredung auch einzuhalten. Kaum war der Tweet in der Welt, flatterten Antworten herein. Ich setzte die Vorgaben dreier Menschen zum ersten Schreibimpuls zusammen: »Schreibe einen Text, in dem das Wort ›Senf‹ vorkommt und in dem die Frage, ob Butter unter Nutella gehört, mit JA beantwortet wird.« Der 18. Mai war ein Mittwoch, bis zum Sonntag hatte ich einen Text fertig, den ich, so wie er war, an alle drei Auftraggeber*innen schickte. Ihre Überarbeitungshinweise sind im ersten hier abgedruckten Text, »Neubezug«, enthalten. Und ich – war zufrieden. Geld nahm ich selbstredend nicht.

Bereits in den darauffolgenden Tagen fragte ich herum, ob sich wohl andere fänden, die interessiert wären, regelmäßig in einen solchen Austausch zu treten. Ich selbst würde mich, das erschien mir mitten in der Corona-Zeit machbar, von nun an wöchentlich der Herausforderung stellen. Dass es fast zwei Jahre werden würden, war nicht absehbar; dass ich in Tourbussen und Zügen, an Nordseestränden und Kneipentresen wirklich regelmäßig Gedichte, Geschichten und Klangexperimente auf fremden Anstoß schreiben würde, dass mich geschätzte Kolleg*innen fragen sollten, ob sie dabei sein könnten, dass entstandene Texte von Gästen in Anthologien und Zeitschriften erscheinen und auf Meisterschaftsbühnen vorgetragen werden würden erst recht nicht. Aber dass ich mit neu gefundener Disziplin mehr texten würde als je zuvor, darauf stellte ich mich ein.

Nicht jede Woche hat es hingehauen; mal bekam ich wirklich nichts zustande, mal meldeten sich Gäste ab – die eigentliche Arbeit ruht nicht für einen experimentellen Blog. Ein bisschen Pause habe ich auch gemacht, hin und wieder. Wie viele Menschen davon Notiz nahmen, das weiß ich nicht genau. Lange Zeit habe ich mir die Metriken und Zugriffszahlen nicht angesehen. Waren es wenige, die mitlasen? Das würde mich ärgern, bei all der Arbeit. Oder viele? Das würde mir die Schamlosigkeit nehmen, wirklich konsequent alles hochzuladen, was zwischen Haushalt, Jobs und gelegentlicher Unlust entstand. Im Unterschied zum Live-Auftritt ist man doch wundervoll von den unmittelbaren Reaktionen abgeschirmt, eine Freiheit, die nicht unterschätzt werden sollte.

Bald wurde mir klar, dass das Projekt, bei aller Inspiration und Freude, die es mir bereitete, enden musste, irgendwann. Immer öfter musste ich nachsehen, ob ich einen Impuls nicht vielleicht schon einmal gegeben hatte, und der Aufwand, Gäste zu finden und zu begeistern, nahm zu. Zwar fallen mir, während ich hier sitze, noch einmal dutzende Menschen ein, mit denen ich noch gerne gearbeitet hätte – wer weiß, vielleicht bin ich in ein paar Jahren bereit für Runde Zwei. Für den Moment endet *Rahmen und Reiz* mit diesem Buch als sinnvollem Schlusspunkt. Das gibt Gelegenheit, zu reflektieren: Wie hat sich mein Schreiben verändert? Was habe ich gelernt? Was sagen diejenigen, die dabei gewesen sind? Passend zu den sieben Tagen einer Schreibwoche habe ich sieben Einsichten herausgearbeitet, die mich ereilt haben – nicht nur aus der Erfahrung selbst heraus, sondern auch durch Rückmeldungen meiner Gäste. Sortiert sind sie, ganz grob, entlang des Prozesses, von der Ideenfindung zur Er- und Überarbeitung hin zur Veröffentlichung.

Auf Neuland wird man
am besten geschubst

Ich habe mich sehr tief eingemummelt in meiner Komfortzone der bildhaften Prosa. Dort fühle ich mich wohl. Ich lese gern Lyrik, aber habe mich selbst nie als Lyrikerin gesehen.
Und dann sitze ich auf einmal da, mit der Vorgabe, vier Vierzeiler zu schreiben. — Anna Teufel

Aufträge von außen zu erfüllen, das ist für die meisten meiner Gäste nichts Ungewöhnliches. Wir eröffnen Tagungen zu seltenen Krankheiten, vertexten Bauanleitungen, schreiben Gedichte zu Geburtstagen obskurer Lokalprominenter. Wer noch nie eine Hommage an einen Fisch namens »Furzgrundel« geschrieben hat, der werfe den ersten Köder. Aber: Themenvorgaben sind ein häufigeres Phänomen als solche zur Form. Und wir alle haben Strategien, solche Stücke zu erstellen, haben Rezepte, mit denen wir gute Erfahrungen gemacht haben. Wirklich neu, wirklich fordernd ist das selten, eher Fleißarbeit als große Inspiration. Wie bei einem Architekturbüro, das sich auf Verwaltungsgebäude spezialisiert hat, gibt es Anforderungen zu beachten und Sonderwünsche zu erfüllen; trotzdem wird es am Ende ein effizienter Komplex mit langen Fluren und ausreichend Stauraum für Bürobedarf werden. Ein Baumhaus, ein Freizeitpark, ein barrierefreier Atombunker? Ohne Auftrag gibt es keinen Anlass, sich daran zu versuchen.

*Ein guter Schreibimpuls fängt schon im Moment
des Lesens im Kopf zu arbeiten an und lockt
dich auf Fährten abseits des Offensichtlichen.
— Henrik Szanto*

Ein Gegenüber kennt diese hergebrachten Strategien nicht – und macht diese im Idealfall, ohne es zu wissen, im besten Sinne zunichte. Wenn man einander kennt, sind übliche Themen und Stilmittel zwar geläufig, nicht aber die Grenzen und ausgelatschten Wege, die wir alle beschreiten, um die effiziente regelmäßige Produktion zu ermöglichen – so verstellt man sie sich gegenseitig, ganz aus Versehen.

Auch wer erst mit dem Schreiben anfängt, hat unweigerlich ein Bild davon im Kopf, was dabei entstehen soll, ohne es zwangsläufig fassen zu können. Der Anreiz von außen kann neue Türen öffnen, einen Anstoß geben, sich mehr zuzutrauen, als man es bisher getan hat. Selbstredend ist dabei auch das Scheitern jederzeit möglich; ich habe festgestellt, dass mir strenge formale Vorgaben, speziell in der Lyrik, mehr abverlangen, als ich im Rahmen einer Woche zu leisten imstande bin. Die Strategien, die mir neue Genres erfordern, habe ich nicht zur Hand. Nur: Ein bisschen was gibt es dabei immer zu lernen. Davon wiederum bleibt unweigerlich etwas übrig, das von nun an als seltsam geformtes Spezialgerät im Werkzeugkoffer lagert; und wie das mit Werkzeugen so ist: Einerseits erlauben sie, notwendige Arbeitsschritte durchzuführen, andererseits inspirieren sie zu Projekten, bei denen man sie endlich mal wieder zur Hand nehmen kann.

*Ich habe bis dato nahezu nie fast ausschließlich
in direkter Rede geschrieben, seit dem Projekt
tatsächlich auffällig häufig. — Benjamin Poliak*

Natürlich ist es dabei der Idealfall, diese konkrete Herausforderung von einem Gegenüber gestellt zu bekommen. Aber auch deine Umwelt kann ein solcher Anschub sein – wenn der Mut besteht, sich wirklich auf das einzulassen, was es dort zu finden gibt. Statt etwa in einem Buch mit Schreibspielen solche Techniken zu suchen, die zum eigenen Stil passen, kann eine Seite per Zufall aufgeschlagen werden, um dann die dort gefundene Mission zu erfüllen, ob sie nun bequem ist oder nicht. Genres können ausgewürfelt werden. Oder wir gehen zu einem öffentlichen Ort, schließen die Augen, öffnen sie, und nehmen die erste Person, die wir sehen, als Hauptfigur eines Textes. Wichtig ist dabei, keine Ausreden zu finden, warum genau diese Aufgabe nun zu schwer oder unpassend sein soll, um loszulegen! Die Welt um uns hat mehr Kapazität für Zufälligkeit, Fremdartigkeit, Originalität als noch der kreativste Geist. Sie zum Anstoß zu nehmen, um etwas völlig Neues zu versuchen, nimmt die Aufgabe ab, aus dem Nichts Ideen zu generieren und dabei auch gleich noch die Komfortzone zu erweitern.

Zuletzt hat mich beim Umsetzen der Impulse ein Instinkt begleitet, der es dann doch erlaubte, viel befahrene Wege auch aus eigenem Antrieb zu verlassen: Das konsequente Verwerfen der ersten Idee. Scheinbar alberne Inputs zu etwas leisem, ernstem zu machen und umgekehrt bedeutungsschwangere Anweisungen satirisch aufzugreifen brachte meistens spannende, originelle Ergebnisse hervor. Eine schnelle, naheliegende Assoziation ist selten eine, die mir eigen ist; damit wird auch der Text weniger originell und frisch, als er sein könnte. Nach links zu schauen, wenn alle Wegweiser nach rechts zeigen, führt an Orte, die nicht jede:r entdeckt. (Ich glaube, der Satz ist von mir, vielleicht habe ich ihn aber auch in der Deko-Abteilung von Nanu-Nana gelesen.)

Lass dich also schubsen, dann fallen – und entdecke, dass die Landung meistens weicher ist als gedacht.

Ich finde Schreibimpulse wirklich toll, die mit einer Aktion oder Aufgabe verbunden sind. Zum Beispiel: Gehe an Ort x/y und suche dort a/b und schreibe darüber. Das macht alles viel aufregender und fordert den Zufall auf die richtige Art heraus. — Anuscha Zeighami

Grenzen öffnen Räume

Je enger das Korsett, desto freier fühle ich mich darin. Paradox, ich weiß. — Marvin Suckut

In Schreibworkshops gibt es mehrere Stufen, die Teilnehmende erklimmen müssen. Überhaupt anfangen etwa. Das Verfasste herzeigen, vorlesen lassen, selbst performen. Meiner Beobachtung nach ist es aber am Schwersten von der Stufe der kurzen, von Vorgaben geprägten Fingerübungen aufs Plateau des freien Schreibens, der Arbeit am ganz eigenen Text zu springen. Worüber soll ich schreiben? Worüber du magst! Und wie? Wie du willst.

Na toll.

In der Unendlichkeit der Möglichkeiten sind alle Haltepunkte flüchtig; hinter jedem Ansatz lauern Dutzende andere, die ebenso gut verfolgt werden könnten. Es ist, als wolle man mit einer Saugglocke an einer Wand andocken, die beim geringsten Kontakt widerstandslos davonschwingt. Und: Jedes Thema, jede kreative Entscheidung will legitimiert sein, zumindest im eigenen Kopf. Was auf tausend Arten gemacht werden kann, wirft automatisch die Frage auf, warum just der eingeschlagene Weg gegangen werden sollte. Ist das wichtig, legitim, ist das ... gut? Oft sitzen Teilnehmende in den Kursen und Workshops dann stirnrunzelnd da, ein paar Stichworte auf dem Papier, orientierungslos. Von »Analyseparalyse« spricht man, wenn beim Abwägen von Optionen schlichtweg – nichts passiert. In diesen Momenten helfen Grenzen jeder Art: verknappte Zeit. Begrenzte Verse. Eine Einschränkung der möglichen Ansätze durch einen konkreten Auftrag.

*Bei einer Vorgabe frage ich mich nicht 80 Prozent
der Zeit tatenlos, ob das Thema überhaupt relevant
ist. Die Vorgabe nimmt mir diesen Zweifel ab.
Wenn es nicht relevant wäre, gäbe es die Vorgabe
nicht. — Katrin Freiburghaus*

Es ist eben nicht möglich, sich in wenigen Tagen tief in die Spirale aus Aufschieben, Versuchen, Abbrechen, Verwerfen, Verurteilen zu stürzen, die ein längerer Schaffensprozess so oft mit sich bringt. Eine Deadline, das kennt wohl jeder Beruf, schafft erst die Verbindlichkeit, die als Förmchen den Sand der Zeit am Davonrinnen hindert. Solche Fristen sind schwer selbst zu setzen und einzufordern – das können Partner*innen, Kolleg*innen und die liebe Kundschaft deutlich besser. Zeit ist damit die erste hilfreiche Grenze, die einem Projekt den nötigen Tritt versetzen kann. Die sieben Tage der Schreibwoche täuschen dabei noch darüber hinweg, wie knapp das Zeitbudget tatsächlich war; denn schon nach rund der Hälfte der Bearbeitungsfrist war ja ein Erstentwurf einzureichen, der für ein Feedback verschickt werden konnte. Es hieß also: Mach. Jetzt. Morgen ist es zu spät.

Die zweite gesteckte Grenze ist die der groben Richtung des Textes. Entweder wurde ein Inhalt gewünscht oder eine Form, ein Bezugspunkt jedenfalls. Auch damit sind viele Türen, durch deren Rahmen sonst das verführerische Licht kreativer Alternativen schimmern könnte, direkt lückenlos zugeschlagen. Es bleiben genug andere, hinter die es sich zu spicken lohnt – doch die Auswahl war schon weniger unübersichtlich. Dabei hat sich eine goldene Regel herauskristallisiert, die ich auf jeden gegebenen und ausgewählten Schreibimpuls anwenden würde; einer meiner Gäste hat sie schließlich so formuliert:

Der Schreibimpuls sollte entweder eine formale/ stilistische oder eine inhaltliche Vorgabe machen, aber am besten nicht beides zusammen.
– Philipp Multhaupt

Es ist wie beim Kochen: Bei vollem Kühlschrank kann es helfen, wenn ein Gast sagt: Aus dem Brokkoli und den Gnocchi kann man sicher was zaubern! Das kriege ich hin. Soll das dann aber auch noch mit dem Flambiergerät zubereitet werden, dann wird es knifflig. Nicht, dass das nicht zu leisten wäre, doch der Spaß an der Sache kann schnell leiden, das Befriedigen der Wünsche rückt in den Vordergrund.

Genug Grenzen, aber mit ein paar Löchern im Zaun.
– Marcel Schneuer

Viele dieser Limitationen können wir uns selbst auferlegen, auch wenn es ohne Korrektiv schwerer fällt. Statt vor dem leeren Blatt die Optionen zu wälzen, bis alle Ecken rund, alle Texturen blass werden, hilft eine Festlegung auf ein Thema. Egal, was sonst in den Sinn kommt, diese Woche gehört dem Versuch, es zu packen. Verschiedene Tonlagen und Stile, Grade an Tiefe und Distanz werden ausgetestet, aber am Inhalt nicht grundsätzlich gerüttelt. Was will ich sagen – welche Aspekte aber auch bewusst außen vor lassen? Besser gelingt all das natürlich im Team. Feste Schreibtandems mit regelmäßigen Terminen können sich gegenseitig in die Pflicht nehmen, auch wirklich am Ball zu bleiben – und gleich noch einen Auftrag für den nächsten Zyklus ausgeben, oder eine Maximallänge des kommenden Textes. Warum nicht kreativ werden mit den befreienden Grenzen? Ein Budget von 200 verschiedenen Worten. Nur drei Farben, ob ausgesprochen oder impliziert. Solche Limitationen können auch auf das zuvor angesprochene Neuland führen – das Begrenzen schafft die Not, sich anders zu orientieren und den Mangel geschickt zu verwalten. Das Ergebnis ist fast immer ein Mehr an Spielfreude mit dem, was einem bleibt – und die schiere Begeisterung, was sich damit eben doch machen lässt.

Ich finde Vorgaben hilfreich, weil ich dadurch in Richtungen denke, in die ich natürlicherweise nicht schauen würde. – Lotta Emilia

Schreiben ist immer Teamwork

Wer Kunst wirklich macht, ahnt oder weiß, dass ein Kunstwerk nur ein veröffentlichter Zwischenstand eines gemeinschaftlichen Prozesses ist. – Nikita Gorbunov

Es ist ein Bild, so romantisch wie tragisch: Mit Tinte und Feder im Kerzenlicht oder mit einem teuren Füller auf der Terrasse eines italienischen Landhauses bei Abendsonne, womöglich aber auch nur fahl erleuchtet vom ungnädigen Schein des Monitors sitzt der schreibende Mensch einsam und versunken über seinem Manuskript und erlaubt den Worten, sich durch das Werkzeug der Wahl zu Kunst manifestieren. Stoisch, tapfer, edel. Und es stimmt schon, die Suche nach Reim und Satzende, nach Bild und Struktur ist im Moment ein isoliertes Unterfangen. Aber dieser Eindruck verkennt, wo Kreativität eigentlich entsteht und welchen Einfluss es hat, früher oder später eben doch andere Perspektiven und Stimmen einzubeziehen. Wer sich mit anderen austauscht über etwas, das später Teil eines Textes wird, kommt nicht umhin, deren Einwürfe, Reflexionen, Gegenstimmen, Verknüpfungen, Zusätze, Formulierungen einzuweben, wenn am Ende eines oft langen Prozesses tatsächlich aus Gedanken Schrift werden. Das Team mag in diesem Fall nicht physisch anwesend sein, wirkmächtig ist es allemal. Im Publikumsfeedback findet sich ein weiteres, amorphes Gegenüber, das beim Abschluss eines Werkes mitwirkt. Wir alle übernehmen Stilmittel, Wendungen, Kniffe, die von anderen eingebracht werden – hoffentlich mit genug Verfremdung, um guten Gewissens sagen zu können, es seien unsere eigenen Worte. Daran ist nichts

Verwerfliches, jede Kunst ist Zitat und Querverweis, Bearbeitung und Neuauflage.

Es hat mir gutgetan, den kreativen Prozess in zwei kurzen Phasen abzutauschen. Seitdem rede ich öfter mit meiner Partnerin oder Freunden über Textideen und Schreibprozesse.
– Yannik Steinkellner

All diese Schritte sind wenig formalisiert und schwer zu greifen. Das verstärkt das Gefühl der Isolation. Es geht uns dann wie der vordersten Person an einem Seil beim Tauziehen, die nicht erkennt, dass viele weitere in dieselbe Richtung reißen, und die das Gefühl bekommt, alleine einer Übermacht gegenüber zu stehen. Ein Blick über die Schulter hilft dann: Wessen Idee hat meine längst weitergebracht, wo bekomme ich durch Reaktionen die Versicherung, verstanden zu werden? Noch besser kann es sein, sich ganz aktiv nach Mitstreiter*innen umzusehen. Ich habe das getan und Woche für Woche wichtige Einwände, nützliche Rückfragen und augenöffnende abweichende Interpretationen meiner Sätze erfahren. Aber eben auch Bestärkung und das Gefühl, nicht völlig auf der falschen Fährte zu sein. Der Kraftakt des Schreibens macht uns oft ungnädig dem eigenen Ergebnis gegenüber; dann ist es gut, ein Gegenüber zu haben, das mit frischen Augen über das (Zwischen-)Ergebnis liest und überraschenderweise keinen Affront gegen die Literatur selbst darin erkennt.

Schreibhemmung liegt nicht auf der eigentlichen Schreibkompetenz, sondern auf meiner eigenen Bewertung darüber. – Fine Degen

Natürlich bleibt es in letzter Instanz eine einsame Aufgabe, etwas zu Papier zu bringen, den eigenen Namen darunter zu setzen, dafür mehr oder weniger explizit bewertet zu werden. Die Architektin Denise Scott Brown steht mit ihrem Namen für die Gebäude, die sie entwirft, sammelt dafür letztlich die Lorbeeren und die Kritik ein. Ohne Menschen, die ihr mit Expertise und Esprit zuarbeiten, ohne Vorbilder, die sie inspirieren, ohne Reviews mit Vertrauten wäre die Errungenschaft, am Ende ein Bauwerk errichtet zu haben, nicht denkbar. Wer sich von der Klaustrophobie des stillen Kämmerleins, in dem das leere Blatt höhnisch grinst, lösen mag, tut gut daran, sich die ausdrücklichen und subtilen Beiträge Dritter bewusst zu machen; wir sind eben nicht alleine mit unserer Mission, nie. Und wenn es noch etwas deutlicher werden soll, dann kann die Kooperation auch ganz aktiv gesucht und hergestellt werden, wie geschehen bei *Rahmen und Reiz*. Ob man sich nun tatsächlich austauscht oder »nur« Gesellschaft leistet (der fruchtbarste Modus ist Erfahrungssache): Im Tandem lässt sich einerseits auffangen, wenn mal die Kraft nachlässt. Und die kollegiale Motivation, nicht allzu sehr die Beine baumeln zu lassen, sorgt andererseits dafür, im Tritt zu bleiben.

Es hilft, einen Schreib-Buddy zu haben,
weil du dann weiter schreiben musst –
»in order not to let the other person down«.
— Elif Duygu

In bestimmten Phasen hilft es mir auch,
wenn jemand, der auch an etwas arbeitet,
daneben sitzt. — Fabian Navarro

Ob diese Kooperation nun im Zweiergespann erfolgt, in einer handverlesenen WhatsApp-Gruppe, im Lesebühnenensemble, das ist vielleicht gar nicht so wichtig. Solange da ein Team ist, das gemeinsam in eine Richtung zieht. Das ist dabei nie eine Krücke, kein Ausdruck von Überforderung. Es ist die sichtbarste Form eines Umstandes, dem Schreiben so inhärent ist wie die Gefahr von Brandblasen dem Tauziehen. Und die Terrasse in Italien ist gemeinsam ohnehin ein noch schönerer Ort.

Bei Blockaden hilft: mit anderen zusammen schreiben. Mit Freunden, bei der Senioren-Schreibgruppe in der Stadtbücherei anfragen, ob man da mal mitmachen darf. Im Fantasy-Forum online — Sarah Kentner

Feedback ist schwer, aber unverzichtbar

Häufig ist Kritik so formuliert, dass ich damit absolut nichts anfangen kann, oder noch schlimmer: Im Bereich Poetry Slam bekommt man oft gar keine ehrliche Kritik. — Lea Loreck

Es gehört zu fast jedem Job, ab und an zu einem Feedbackgespräch einbestellt zu werden. Idealerweise gehen die Rückmeldungen in beide Richtungen. Oder es gibt zu hören, dass man sich doch etwas proaktiver in den Workflow integrieren sollte, um Synergien mit dem restlichen Staff zu explorieren und neue Benchmarks auf dem Weg zum Rollout zu schaffen. Oder so.

Jedenfalls sind Rückmeldungen bei einem so offenen Prozess wie dem kreativen Schreiben im Grunde unverzichtbar; sie dienen als Leitplanken, als Vergewisserung, als einzige Möglichkeit, intendierte und tatsächliche Effekte oder Assoziationen zu testen. Nur: Erstens kann es überraschend schwer sein, hilfreiches Feedback zu geben und anzunehmen; und zweitens braucht es dazu nun mal ein passendes Gegenüber. In der Slam-Szene im Speziellen ist eine Feedback-Kultur, die über »Mag ich, den neuen Text!« hinausgeht, nicht etabliert. Zu sehr stehen der ungetrübte Spaß am Auftreten und die Backstage-Harmonie im Vordergrund, zu beiläufig nehmen viele die Auftritte der anderen im Grunde wahr. Einen genauen Blick erlaubt der Live-Vortrag ohnehin nur selten; über einen groben Eindruck und eine vage Idee davon, wie er zu erklären ist, gehen die Reflexionen selten hinaus. Diese auszutauschen liegt nicht nahe und wäre auch nicht unbedingt zielführend.

Ich vergesse manchmal, dass manche Leute meine Texte und Ideen durchaus aufgreifen, bearbeiten und besser machen können, wenn ich sie lasse.
— David Weber

Wenn kein Jour Fixe mit den Vorgesetzten vereinbart ist, wird die Aufgabe also knifflig. Ungebetenes Feedback kommt nur unzuverlässig auf und erreicht uns dann nicht unbedingt in einem Moment, in dem es angenommen werden kann. Um andere explizit um Rückmeldung zu bitten, müssen wir Vertrauen fassen, dass sie sorgsam mit der Aufgabe umgehen – und hoffen, auf jemanden zu treffen, der oder die ein paar eigenen Gedanken zum Text so formulieren kann, dass ein Gewinn entsteht.

Die Feedbacks, die ich bekommen habe, waren so verschieden gestaltet wie die Gäste selbst. Grobe Einschätzungen kamen ebenso vor wie minutiöse Leseprotokolle. Am Telefon wurde eher an Passagen gefeilt, bei Anmerkungen im Dokument ein Hinweis hier und da hinterlassen, mal klar, mal kryptisch. Ich habe gemerkt, dass sich manche für einen kleinen Einwand am liebsten entschuldigen möchten, während andere kein Problem damit hatten, den Grundgedanken eines Textes in Frage zu stellen. Produktiv waren alle Gespräche, aber lange nicht im gleichen Maße. Feedback zu geben und anzunehmen ist keine Fertigkeit, die vom Himmel fällt. Aber eine, die ich bei mir selbst als enorm verbessert wahrnehme, seit ich Woche für Woche in den Dialog über Texte getreten bin. Übung eben, ein Effekt bleibt nicht aus. Was ich gelernt habe, ist nicht unbedingt originell und entspricht wohl dem, was die dazu bestehende Literatur raten würde. Trotzdem folgen nun meine wichtigsten Tipps zum Einholen und Geben von Feedback zu kreativen Aufgaben.

Einholen

1. Wenn du eine konkrete Unsicherheit hast, dann setze dein Gegenüber darauf an. Beobachtungsschwerpunkte helfen, das Feedback so nützlich wie möglich zu machen.

2. Erkläre nicht zu viel dazu, was du über dein Projekt denkst. Lass es für sich selbst sprechen und ordne die Fremdeindrücke in das ein, was deine Wahrnehmung davon ist. Erkläre auch im Moment der Rückmeldung nichts, es sei denn, du wirst gefragt. Noch wichtiger: Rechtfertige dich nicht.

3. Formuliere einen Wunsch dazu, wie detailliert das Feedback sein soll, und stelle es deinem Gegenüber frei, erst dann zuzusagen. Mit einem »Daumen hoch« kann wenig angefangen werden, wenn du dir versprochen hattest, einen genauen Blick auf einzelne Aspekte zu erhalten. Gutes Feedback braucht Zeit – kläre ab, ob die andere Person bereit ist, diese auch zu investieren.

4. Lass jede Rückmeldung erstmal sacken, ehe du etwas damit machst. Weder schuldest du es deinem Gegenüber, jeden Vorschlag anzunehmen, noch solltest du in einem Moment des Trotzes alles verwerfen, weil gerade dein Lieblingspart ins Visier genommen wurde.

Geben

1. Nimm dir ausreichend Zeit. Oder sag nicht zu, dass du eine Rückmeldung geben kannst, wenn das gerade nicht möglich ist.

2. Es ist vielleicht nett gemeint, harsche Kritik für sich zu behalten, aber im Grunde verhält man sich dabei unsolidarisch, weil der empfangenden Person die Chance genommen wird, voranzukommen. Aber: Fokussiere dich auf Dinge, die in der Kontrolle des Gegenübers liegen und im Rahmen der unmittelbaren Überarbeitung realistisch umsetzbar sind.

3. Balanciere Lob und Kritik. Es muss kein »Sandwich« sein aus guten, schlechten und dann wieder guten Nachrichten – aber ein halbwegs ausgewogener Mix schützt die Motivation und zeigt dabei auf, was zu tun ist.

4. Sei so spezifisch, wie du kannst. »Das finde ich langweilig« ist kein so sinnvoller Input wie »Das finde ich zu lang«, was wiederum um Längen schlechter ist als »Exakt dieser Satz gibt für mich wenig Neues her, braucht es den?«. Auch einem Gesamtgefühl kann Ausdruck verliehen werden, unabhängig von einzelnen Passagen. Es zu belegen und zu konkretisieren hilft dennoch, das Feedback anzunehmen und einzuordnen.

In jedem Fall und in beide Richtungen ist Feedback Übungssache. Das Geben, das Annehmen. Es bleibt also nicht aus, sich wieder und wieder darauf einzulassen und auch zu riskieren, dass zwei Parteien in ihren Stilen, Geschmäckern und Ansichten nicht gut zueinander passen. Dann ist es gut, sich mit denjenigen zusammenzutun, bei denen es klappt, womit explizit nicht gemeint ist, dass scharfer Gegenwind gemieden werden sollte – im Gegenteil!

Holt euch zu euren Text- oder Schreibidee nicht nur Meinungen von Menschen, die das sagen, was ihr hören wollt. – Lea Loreck

Aber es ist eben kein Wert an sich, zerpflückt zu werden. Wenn zwei Feedbackpartner*innen einander nicht sehen und verstehen, keinen Gewinn aus der Zusammenarbeit ziehen können, wenn Vertrauen leidet oder Belastung entsteht, dann gilt es, diese Erfahrung mitzunehmen und anderswo eine konstruktivere Zusammenarbeit zu suchen. Und das lohnt sich. Es ist bezaubernd, wenn Passagen geschätzt werden, und befreiend, wenn jemand eine Idee dazu hat, warum andere sich unrund anfühlen. Symbole, die erkannt werden, machen stolz, und rote Fäden, die niemand findet, fordern zur besseren Umsetzung auf. Jeder einzelne Text in diesem Buch hat vom Austausch profitiert. Teils sind ganze unfokussierte Absätze verschwunden, mal haben Figuren dringend benötigtes Profil gewonnen. Allzu verspielte Verse wurden gestrafft, nötige Kontexte geschaffen, Pointen geschärft, konkurrierende Bilder eingeordnet. Ich habe daraus auch das Selbstvertrauen gezogen, das Projekt weiter zu verfolgen; denn unaufgefordert kommt im Internet wenig konkretes Echo zurück. Das jedoch ist entscheidend; erst damit können wir ein gutes Fundament bauen, um einzuordnen, was wir da eigentlich gerade tun.

Ich bin mit einem Text zufrieden, wenn ich merke: wenn andere Leute ihn lesen, kommt ungefähr an, was ich sagen wollte, und wenn es nur das Gefühl davon ist. — Jonathan Löffelbein

Du schaffst mehr, als du denkst

*Klar ist manchmal einfach das Hirn alle,
wie auch manchmal die Muskeln nicht mehr können,
aber dann geht's nach ein bisschen Pause
wieder weiter. — Teresa Reichl*

Von Beginn des Projekts an hat mich die Frage umgetrieben, was das wöchentliche Schreiben für meine sonstige Arbeit an Texten bedeuten würde. Die Zeitfrage war dabei gar nicht so vordringlich. Gerade die erste Wochenhälfte ist im Veranstaltungsbetrieb oft vakant, da sollte sich immer ein Termin finden, um für ein paar Stunden an einer Schreibaufgabe zu laborieren. Aber wie steht es mit der Inspiration, den Ideen, dem Sich-einlassen-können? Würde ich mein Reservoir an Kreativität auf ein Onlineprojekt verwenden und dann für andere Jobs und größere eigene Vorhaben keine Muse mehr haben? Dann wiederum habe ich dieses Bild reflektiert und mich gefragt, ob es eigentlich treffend und hilfreich ist. Kreativität als Batterie, als Reservoir sozusagen. Was spricht aus meiner heutigen Sicht für diese Metapher?

*Kreativität ist der Tagesform unterworfen
und im Lauf einer Schreibsitzung irgendwann
»aufgebraucht«. Man muss dann darauf vertrauen,
dass der Pegel sich wieder auffüllt.
— Philipp Multhaupt*

Da ist zunächst der Umstand, dass es eben Kraft kostet, sich zu konzentrieren, Ablenkungen abzuwehren, es auszuhalten, wenn Gedanken ergebnislose Kreise drehen. Der Bildschirm ermüdet die Augen, der Stift die Hand, der Bürostuhl den Rücken. Diese Erschöpfung ist wie eine Gegenkraft beim Prozess, Ideen freizulegen: Für jede Schaufel Sand, die wir bei der Ausgrabung beiseiteschaffen, wirft sie ein wenig Erde zurück, und mit den Stunden wird ihre Schippe immer größer, bis es sich anfühlt, als würden wir alles nur verschlechtern, woran wir arbeiten. Dann ist es wichtig, Pausen zu machen oder Schreibtage ganz für beendet zu erklären. Auch die Offenheit für Neues ist im einzelnen Moment ein begrenztes Gut: Wenn ich mich schon beim Text für den Blog auf eine unbekannte Form eingelassen hatte, dann war es wahrscheinlicher, dass ich mich für einen anderen Auftrag am sicheren Ufer oft genutzter Muster tummeln wollte.

Trotzdem habe ich meine Schwierigkeiten mit dem Bild der sich entladenden Batterien. Denn Akkus werden im Laufe der Jahre schwächer. Akkus haben eine feste Obergrenze ihrer Kapazität. Und wenn sie leer sind, sind sie eben leer, ohne Diskussion, und ehe wir ihnen nicht Zeit geben, wieder Energie aufzunehmen, sind sie nutzlos. Auf die Langstrecke der Wochen und Monate habe ich einen anderen Eindruck vom Wirken und Eintreten von Kreativität gewonnen: Dass sie mit Training, mit Rhythmus und Gewohnheiten zu tun hat, einem Muskel viel ähnlicher als einem sich zyklisch leerenden und füllenden Speicher mit fester Kapazität.

Kreativität ist für mich ein Handwerk, ein Skill. Man kann sie erlernen, üben und weiterbilden.
– Teresa Reichl

Es sei an dieser Stelle eingeräumt: In der Zeit von *Rahmen und Reiz* habe ich praktisch keine Texte für die Poetry Slam-Bühne geschrieben. Das hat viele Gründe: die Pandemie natürlich, die anderen Jobs, die ich mache, auch den Blog selbst. Trotzdem bin ich mit dem Projekt insgesamt produktiver denn je geworden und hatte eher weniger als mehr Schwierigkeiten, auch kreative Aufgaben zügig und gut zu lösen. Es hatte etwas Aktivierendes, Befreiendes, die Wochen damit zu beginnen, einen Text auf äußeren Zuruf zu schreiben – nicht anzufangen, nicht zu skizzieren, sondern zur Erstfassung zu bringen. Die Wochen, in denen mir das am Montag oder Dienstag gelungen ist, waren die zufriedenstellendsten, nicht nur in Hinblick auf das Projekt, sondern in Folge auch für alle anderen Aufgaben, die anstanden. Es ist, als hätte ich ein Stretching hinter mich gebracht, eine gründliche Aufwärmrunde, und auch, wenn vielleicht nicht am selben Tag noch eine Auftragsarbeit oder eine Rede entstand: Ich hatte mehr Kraft und Ideen, nicht weniger.

Um sich selbst in diesen aktivierten, positiven Zustand zu bringen, ist es also besser, etwas zu schaffen und zu Papier zu bringen, als sich mit der falschen Idee, Kräfte zu sparen, zurückzulehnen. Fast alle Gäste haben auf die Frage danach, welchen Tipp sie im Fall einer Schreibhemmung geben würden, die eine oder andere Version des Folgenden zu Protokoll gegeben: Machen. Loslegen. Erstmal schreiben, nicht bewerten. Einen Wecker stellen und nicht aufhören, ehe er abgelaufen ist. Ob man das nun »automatisches Schreiben« nennt oder »Wild Writing«, der Gedanke ist der gleiche: Wenn das leere Blatt erstmal Texturen hat, an denen man sich halten kann, gelingt schon viel mehr.

*Das Geschriebene muss keinen Sinn ergeben,
kann alles sein. Nur ohne Pause und die ganze
Viertelstunde lang. Schreien und Fluchen sind
erlaubt, Aufhören nicht. Am Ende staunt man,
was da alles gekommen ist. Währenddessen staunt
man nicht. Man schreit und flucht.
– Nicolai Köppel*

Das Yin zum Yang dieser zähneknirschenden Disziplin ist die Güte, mit der das eigene Schaffen betrachtet werden sollte. Im Moment der Anstrengung können Ernüchterung, Unzufriedenheit und Ärger leicht überwiegen – damit wird man dem Ergebnis aber selten gerecht. Auch mit den eigenen Ressourcen gilt es, schonend umzugehen: Weder ist eine Aufwärmrunde der Ort, sich im Vollsprint ein Band zu reißen, noch ist es selbst die Wettbewerbssituation wert, eine gefährliche Überlastung hinzunehmen. Mir hat es geholfen, meine Arbeit in Wochenzyklen wahrzunehmen. Wochenanfänge sind zum Spielen und Strecken da, das zweite Drittel für konzentrierte Arbeit auf möglichst anspruchsvollem Niveau, das Wochenende für Auftritte und Administration sowie kreative Detailarbeit, die eher punktuelle Konzentration als stundenlange Hingabe erfordert. Mit diesem Rhythmus wird klar, was jeweils zu leisten ist, wofür ich aber auch weiterhin noch Kraft brauche. Und diese nahm mit der Praxis langsam, aber sicher zu. Genau wie meine Geduld mit mir selbst, wenn trotz allem mal nicht viel gelingen wollte.

*Abwarten, nicht böse auf sich selbst sein,
es immer wieder mal probieren. Manchmal ist es
nur ein kleiner Moment, ein kleiner Gedanke,
den man erwischen muss. – Luca Swieter*

Es geht also immer mehr, als man zunächst denkt. Bei fast jedem Schreibimpuls wird dir etwas einfallen, fast jede Form kannst du bespielen, irgendwie. Dein Text ist besser, als du aus der Nähe denkst, und in dir steckt immer ein bisschen mehr, als du dir zutraust. Mehr Ideen, mehr helle Momente. Mit einer Mischung aus extern kontrollierter Disziplin, Kurzfristigkeit, anregenden Impulsen wird durch regelmäßiges Schreiben nicht die Halbwertszeit einer Batterie verkürzt, sondern ein leistungsfähiger Muskel trainiert, was Fortschritt schafft, sofern eben keine Überlastung eintritt, kein nachhaltiges Erschöpfungsgefühl. Für ein Mehr an kreativer Produktion sollte man sich also selbst behandeln, wie es die besten Lehrer*innen tun: fördern und fordern, mit Strenge bei Ausreden und mit Einsicht, wo Grenzen erreicht sind.

Nicht warten, bis einen die Muse küsst,
die kommt dann schon, wenn sie eifersüchtig wird.
— Lukas Bühner

Ich überwinde Schreibhemmungen mit Akzeptanz
und Pausen in den richtigen Momenten.
— Anna Teufel

Perfektionismus ist dein Feind

Es mag Leute geben, die nun Brett nach Brett raushauen, ich bin das nicht. — Yannik Sellmann

Wie stellst du fest, dass du mit einem Text zufrieden bist? Das habe ich meine Gäste nach Abschluss des Projekts gefragt. Die Hürde ist dabei seltsam niedrig. Viele gaben an, sich auf der richtigen Spur zu wähnen, wenn sie keinen starken Widerwillen gegen ihr Werk empfinden. Von Stolz, von Begeisterung ist selten die Rede. Vom Anspruch, ihn vollendet und perfekt zu finden, wirklich nie. Trotzdem kommt für alle Schreibenden der Punkt, an dem sie sich mit dem Geschaffenen der Welt zeigen – Wie geht das, wenn gerade einmal ein Minimum an Sicherheit gewonnen wurde, auch wirklich etwas Teilenswertes in der Hand zu halten?

Der Schlüssel ist das Bewusstsein, dass diese Sicherheit unmöglich gewonnen werden kann, nicht durch fieberhaftes Überarbeiten, nicht durch strengste Klausur. Und im Rahmen des Projektes gab die Bearbeitungszeit ein solches Vorgehen ohnehin nicht her. Die Erfahrung, dass es einen großen Rest Mut braucht, trotzdem irgendeine Form von Öffentlichkeit zu suchen, verbindet Kreative und sollte allen, die zweifeln, Hoffnung geben, sich an diesem Unterfangen zu versuchen.

Ich bin zufrieden, wenn ich den Text einen Monat nicht gesehen habe, dann lese und nicht »Ach du Scheiße« denke. — Lukas Diestel

Außerhalb eines fremd gesteckten zeitlichen Rahmens kann es helfen, Abstand zu gewinnen und einen Text, mit dem man hadert, wegzulegen – um dann zu ihm zurückzukehren, wenn man in der Lage ist, ihm ein Lektorat angedeihen zu lassen, wie man es für das Werk einer anderen Person täte. Die dann investierte Zeit ist geringer – wir messen den Text dann nicht daran, was für all diese Mühe doch dann auch bitte herauskommen sollte, sondern daran, was er ist. Perfekt wird er durch so ein Vorgehen genauso wenig, aber die Defizite scheinen weniger frustrierend, die schönen Momente aus der Distanz wieder überraschend und wertig.

Wenn ich einen Text geschrieben habe, habe ich unmittelbar überhaupt kein Gefühl dafür, wie ich den Text finde. Erst wenn ein paar Tage vergangen sind, kann ich den Text mit »frischen« Augen betrachten und die Qualität für mich beurteilen. — Laura Gommel

Auch andere Mittel können helfen, sich von überzogenen Forderungen zu entfernen. Neue Stilmittel und Formen, an die wir noch keinen erlernten Originalitätsanspruch haben, sind ein Weg. Feedback und Austausch, wie erwähnt. Ein klar formulierter, realistischer Anspruch: Was ist mir wichtig, was kann ich schaffen, was muss passieren, damit ich das als erreicht ansehe? Ein Torhüter, der bei einem Null zu Null-Unentschieden die eigene Leistung in Frage stellt, weil er kein Tor erzielt hat, macht sich unglücklich, und ein essayistischer Text über den Klimawandel, der Shell am Ende nicht von einem Ausstieg aus dem Ölgeschäft überzeugt, ist damit lange kein Fehlschlag. Die eigene Messlatte kann diffus sein, ihr Urteil streng – sie zu definieren, ambitioniert und realistisch zugleich, ist ein Weg aus dem Zwang, ständig das Unmögliche schaffen und sich selbst vom Hocker hauen zu müssen.

Mir hat es für mein Romanprojekt geholfen, eine Weile auf Englisch zu schreiben. Das hat meinen inneren Zensor sehr effektiv ausgehebelt. Außerdem habe ich noch mal eine neue Stimme der Figur entdeckt, sie war viel mutiger, direkter und frecher auf Englisch. — Alex Burkhard

Nun geht es am Ende nicht darum, das Gefühl von Unvollkommenheit komplett auszublenden und den Anspruch aufzugeben, so gut wie möglich zu schreiben. Oder darum, jeden noch so ungelenken Entwurf für vollendet zu erklären. Es geht darum, Maßstäbe zu finden, den zu ungnädig bewerteten Ansatz vom tatsächlichen Irrweg zu unterscheiden. Das braucht Zeit, Abstand, Hilfe von außen, Geduld, Güte und klar formulierte Leitlinien. All das verändert sich ständig und Phasen der Selbstakzeptanz und solche der erdrückenden Zweifel werden sich immer die Klinke in die Hand geben. Dann kann es nötig sein, es einfach mal drauf ankommen zu lassen und selbst solche Werke, mit denen man auch nach gewissenhafter Überarbeitung unzufrieden ist, auf größerer Bühne zu teilen. Ich habe während des Projektes nie ein abschließendes Gefühl dafür entwickelt, welche meiner Ergebnisse eigentlich gefallen und welche nicht, habe Lob zu Schnellschüssen erhalten und zu Lieblingstexten nur Funkstille. So groß die Angst im eigenen Kopf ist, für ein minderwertiges Resultat ausgelacht oder bemitleidet zu werden, so unrealistisch ist diese Vorstellung. Das passiert so wenig, wie ein toller Text das Postfach mit Verlagsanfragen volllaufen lässt. Das Streben nach Vollendung am einzelnen Werk auszuleben, verstellt den Blick auf die langfristige Prozesshaftigkeit des Schreibens: Ein Meisterstück wird aus einer dünnen Idee wohl nicht; das Lernen an der Auseinandersetzung damit ist aber unbezahlbar. Wenn es also gar nicht gelingt, den Ehrgeiz auszusperren: Richte ihn auf die nächste Aufgabe. Und dann auf die nächste. Und dann schau irgendwann zurück und vergleiche, was du schreibst, mit dem, was war. Eigentlich ganz schön gut, oder?

Den eigenen Perfektionismus zum Feind erklären – lieber Scheiße bauen als gar nichts machen.
– Friedrich Herrmann

Über Texte sprechen verbindet

*Schreiben kann eine sehr isolierte Tätigkeit sein.
Es war schön, zu merken, geht auch anders.*
— Sarah Kentner

Die Beobachtung, wie sehr das Gespräch übers Schreiben Vertrautheit erzeugen kann, ist schwer mit Aussagen der Gäste zu untermauern – denn die Rückmeldungen zu diesem Aspekt des Projekts waren sehr persönlich und sind kaum übertragbar. Zudem, und das ist noch entscheidender, hat niemand die gleiche Reise gemacht wie ich, den wöchentlichen Austausch, die Regelmäßigkeit, die Langfristigkeit. Für mich steht fest: Der größte Gewinn der Erfahrung war es, mit Kolleg*innen und Bekannten, mit Freund*innen und quasi Unbekannten im Austausch zu sein und von ihnen zu hören, wie sie sich auch untereinander über die Erfahrung ausgetauscht zu haben.

Es waren Gäste darunter, die ich seit vielen Jahren kenne, ohne je ein wirklich persönliches Wort gesprochen zu haben, und mit denen ich anlässlich des Feedbacks zum Text mehr über die intimen Gedanken hinter einzelnen Passagen geredet habe als über Verslängen, die Schärfung von Bildern oder die ideale Auflösung eines Running Gags. Es war berührend und erfrischend und unendlich bereichernd.

Ich glaube, dass etwas Erstaunliches in uns passiert, wenn wir auf diese Art in die Tiefe gehen. Erwartbar wäre, dass ein Beziehungsaufbau nötig ist, um das möglich zu machen, und es stimmt, dass es dazu gegenseitigen Respekt und Vertrauen braucht. Aber auch die Gegenrichtung funktioniert. Indem die Gedanken und Beweggründe Thema werden, die hinter einem Text stehen, und dadurch unweigerlich etwas preisgegeben wird, gibt es etwas im Gehirn, das sagt: Moment! Darüber sprichst du nur mit Menschen, die dir nahe sind – dieser Mensch ist dir also nahe, oder? Das gilt nicht nur auf der inhaltlichen Ebene; sich überhaupt dem Feedback zu stellen, sich über Unsicherheiten bei der Arbeit auszutauschen, verletzlich zu sein, das stellt eine Verbindung her, wenn die richtige Sorgfalt und Achtsamkeit walten.

Es war überraschend für mich, dass ich dein Feedback annehmen konnte, obwohl wir uns nicht so gut kennen. – Lotta Emilia

Ich habe auch immer wieder gehört, dass andere sich über die Teilnahme bei *Rahmen und Reiz* unterhalten haben – und zwar als eine geteilte Erfahrung, aus der einerseits alle Gäste andere spezifische Ergebnisse und Erkenntnisse, andererseits aber auch ähnliche allgemeine Eindrücke mitgenommen haben. Es hatte für viele etwas Befreiendes, sich von den Formen zu lösen, die sie sonst oft bedienen und bedienen müssen. Lyrik schreiben, Kurzgeschichten, Formexperimente, die auf der Bühne nicht funktionieren würden, ungewohntes Tempo, ein neuer Prozess. Ich selbst habe, bis auf einige Gedichte, kaum Stücke geschrieben, die für den Wettbewerb geeignet wären. Dieser hat andere Regeln, Texte werden anders rezipiert, es kann nichts nachgelesen werden. Das Zeitlimit steckt einen klaren Rahmen, das Publikum erwartet unmittelbare Zugänglichkeit. Nichts davon wollte ich als Konzession zulassen. Solche Einschränkungen hinter mir zu lassen, das hat ungeheuer gutgetan und ich habe den Eindruck, das ging vielen so.

Erst letzte Woche hat mich eine Künstlerin auf den Text verwiesen, den sie für das Projekt geschrieben hat. Das passiert häufiger, ich

glaube, weil die Künstler*innen für das Projekt Dinge schreiben, die sie selten auf der Bühne lesen, aber genau deshalb oft Dinge schreiben, die sie immer schonmal schreiben wollten.
— Yannik Sellmann

Ich bin meinen Gästen dankbar dafür, dass sie sich auf diese Übung in Nähe und Verletzlichkeit, auf den Zeitdruck und das überschaubare Publikum eingelassen haben. Vielen fühle ich mich verbundener als zuvor, die allermeisten durfte ich besser kennenlernen, als es in Begegnungen im Rahmen von Auftritten je möglich gewesen wäre. Die Kämpfe, die wir führen, sind einerseits persönlich und speziell, haben aber andererseits immense Schnittmengen. Zu merken, dass ich mit meinen Zweifeln an Sinn und Qualität nicht alleine bin, war der größte Gewinn. Es hat sich als vollständig gewöhnlich herausgestellt, keinen guten Blick auf die offensichtlichsten Baufehler im eigenen Werk zu haben – diesen von sich zu verlangen ist augenscheinlich ein Weg, blockiert und unzufrieden zurückzubleiben.

Und es soll auch nicht zu kurz kommen: Sich zusammen über eine gelungene Idee zu freuen, sich verstanden zu fühlen, bestärkt und unterstützt zu werden, das ist einfach eine grandiose Freude, um die sich niemand bringen lassen sollte.

Und nun: Viel Vergnügen mit den entstandenen Texten. Mehr noch beim Selbermachen. Auf dass am Ende stehen möge:

Ey, danke! Das hat Spaß gemacht!
— Fabian Neidhardt

Und mir erst.

Eigene Texte

*Ein anderer Lese-Faktor war auch immer,
den Schreibimpuls herauszufinden.
Es erschien mir oft wie ein Rätsel,
das ich lösen soll. — Gina Walter*

Neubezug

Nina hatte nie an Geister geglaubt. Trotzdem war sie nun überrascht, keinen vorzufinden. Sie blieb in der Türe stehen und ließ ihren Blick über die Einrichtung des Zimmers schweifen. Das schmale, niedrige Bett, ordentlich bezogen mit der weißen, steifen Wäsche, die dieses Zuhause auf Zeit von einem echten unterschied. Die Holzbilderrahmen mit den angeschlagenen Ecken, das Plastiktischchen und seine dünnen, metallenen Spinnenbeine, den abgetretenen Teppich genau in der Mitte des stumpfen Linoleums. Kein Geist.

Nina seufzte. Sie hatte gewusst, dass sie es sein würde, die dieses Zimmer für den nächsten Menschen vorbereiten musste, dass hier bald Kinder und Enkelkinder hilflose, pflichtschuldige Termine voller peinlicher Gesprächspausen, voller hastiger Blicke aus dem Augenwinkel zur Uhr abspulen würden, dass sie hier nach dem Rechten würde sehen müssen zwischen Kunsttherapie, Mittagessen und dem langen Nichts, das sich anschloss. Das alles war ihr klar gewesen. Jetzt fühlte sie sich nicht bereit dazu. Hätte diese Vorahnung nicht bleiben können, statt so unhöflich mitten in der Woche zur Gewissheit zu werden? Dieses Zimmer hier gehörte keiner Frau Maier, keinem Herrn Stegemann, es gehörte Herrn Piotrowski, Herrn Marek Piotrowski, und ein bisschen auch ihr.

Sie tat einen Schritt in den Raum hinein, stand kurz mit hängenden Schultern zwischen dem fest montierten kleinen Fernseher und dem hüfthohen Bücherregal und ließ sich dann in den Lesesessel sinken. In einem anderen Zimmer sang Trude Herr leise ihren Gassenhauer. Nina summte mit, nur jeden dritten Ton tatsächlich intonierend. Sie fühlte sich leer. Es hatte überraschend lange gedauert, bis der erste Patient, für den sie als Pflegerin hauptverantwortlich zeichnete, gestorben war, ganze zwei Wochen nach Beginn ihrer Ausbildung fühlte sie sich nun, als sei dies eine Art Lektion, die auf dem Stundenplan hätte stehen müssen. Damit man sich vorbereiten kann. Damit man das einplant.

Herr Piotrowski hätte sie streng angesehen, wenn sie ihm so unter die Augen gekommen wäre. Er hatte nichts für Selbstmitleid übrig gehabt. Auch nicht für Wackelpudding und das deutsche Fernsehprogramm, nicht für den Ehemann seiner Tochter, den er für einen Aufschneider hielt, und deswegen auch nicht mehr allzu viel für seine Tochter, denn wer auf Aufschneider hereinfiel, musste wohl selbst ein wenig meschugge sein. Seine Enkeltochter hingegen hatte er gemocht, sehr sogar. Sie konnte nichts für ihren Vater, sagte er zu Nina bei beiden Gelegenheiten, zu denen das Mädchen mit den hellgrünen Augen zu Besuch gewesen war, überhaupt kamen Kinder meist vor allem nach der Mutter, und da seine Tochter nach seiner Elisabeth gekommen war und die Enkelin nun nach der Tochter, war er, man musste es sagen, ganz verschossen in das Kind. Er hatte der Achtjährigen Dinge zugesteckt, die er selbst gerne hatte. Zuckerpäckchen vom Kaffeewagen, einzeln abgepackte Kekse. Sie war höflich und empathisch und hatte alles mit einem Dankeschön angenommen. Hatte geduldig und aufmerksam gewirkt. Lange geblieben war sie beide Male nicht.

Gedankenverloren fuhr Nina mit der Hand in ihre Tasche. Zwei eingeschweißte Karamellbiskuits steckten darin. Ob sie von Herrn Piotrowski waren oder sie sie selbst eingesteckt hatte an der nachmittäglichen Kaffee-Tafel, das konnte sie nicht sagen. Sie nahm eines heraus, riss mit beiden Daumennägeln die gezackte Kante ein und schälte das trockene, süß riechende Gebäck aus seiner Hülle, die es für die Ewigkeit versiegelt hatte. Unverwüstliche Desserts für schwer defekte Menschen. Sie biss hinein und ein paar Krümel fielen auf ihre grüne Dienstkleidung. Herr Piotrowski hatte diese einzeln portionierten Kekse geliebt. Den löffelweise abgepackten Zucker. Die Senftüten, Sojasaucenpäckchen, Pfefferbriefe, Konfitüreschälchen, Nutellarationen. Er hatte auch angesichts von Salzstreuern oder Marmeladengläsern zu den kleinen, abgepackten Mengen gegriffen, sie gesammelt, gehortet und verschenkt.

Dass Nina so viel Zeit bei Marek Piotrowski verbracht hatte, lag nicht am Senf und nicht an den Keksen. Auch nicht daran, dass sie sich gut unterhielten, er sie an irgendwen erinnerte, nicht an seinen weisen Worten oder dem schönen Ausblick aus seinem Zimmer auf den grünlichen kleinen Teich im Garten der Seniorenresidenz. Sie hatte kein Interesse daran, mit ihm noch einmal darüber zu diskutieren, dass er, seines Herzens wegen, die Butter (10g in Alufolie) unter der Nutella (15g in glasförmigem Plastik) weglassen sollte, und ihm dabei unweigerlich nachzugeben, weil es nicht einzusehen war, ein Herz zu schonen, das zwar marode war, die müden Lungen des alten Mannes aber noch um Monate überleben würde, wenn es könnte. Sollte er seine schmackhafte doppelte Portion Fett doch haben. Herr Piotrowski sprach über wenig anderes als das, was er unmittelbar vor der Nase hatte, und wenn, dann war er schwer zu verstehen. Er roch, wie alte Männer eben rochen, er sah ihrem eigenen Großvater höchstens hinsichtlich seiner wuchernden grauen Augenbrauchen ähnlich.

Trotzdem war sie zwei Wochen lang mehr hier gewesen als in jedem anderen Patientenzimmer. War öfter hergekommen und länger geblieben. Sie hatte manchmal ihre Pausen hier verbracht, denn sie mochte seine Gesellschaft lieber als die der Kolleginnen und Kollegen, die es kaum erwarten konnten, ihrem Unmut über renitente Alte und kaltherzige Verwandte Luft zu machen. Nicht, dass Nina ihnen das vorwarf. Mancher brauchte das, um danach wieder lächelnd eine Wohneinheit betreten zu können, und zudem hatten sie alle wenig miteinander zu schaffen – worüber also reden, wenn nicht über das, was ihnen gemeinsam begegnete? Nina bevorzugte dennoch die Gegenwart von Marek Piotrowski, seinem beständigen Husten zum Trotz. Sie las in einem Buch und aß ein Sandwich. Er hörte mit auf dem Bauch gefalteten Händen und einem Panasonic-Kopfhörer Kassetten, die Beine an den Knöcheln überkreuzt, die Augen geschlossen. Im Gegensatz zu vielen anderen Alten, um die sie sich kümmerte, war sich Nina bei ihm sicher, dass er wusste, dass sie bei ihm war. Ob ihm das etwas bedeutete, war ungewiss. Manchmal löste er ein Puzzle, wenn sie in sein Zimmer kam, und ließ sich nicht ablenken; manchmal lief ein Film und er blickte gebannt und fokussiert zum Bildschirm an der Wand. In beiden Fällen murmelte er Kommentare vor sich hin in einem wilden Gemisch aus Polnisch, Jiddisch und Deutsch, die offenkundig für niemand anderen als ihn selbst bestimmt waren. Hatte gelöst. Hatte geblickt. Hatte gemurmelt.

Nina hörte Stimmen und schreckte auf. Auf dem Gang vor dem Zimmer führte der Heimleiter ein Ehepaar an den Wohneinheiten vorbei. Seine kratzige Stimme wechselte sich mit dem für Besuchende typischen respektvollen, überforderten Flüstern der beiden Gäste ab. Er würde ihnen, wenn er seiner üblichen Runde treu blieb, den Aufenthaltsraum zeigen, den Speisesaal, die Terrasse mit Blick auf den Außenbereich, das Gymnastikstudio. Und zuletzt zu ihr kommen, in Herrn Piotrowskis Zimmer. Die altbacken eingerichteten Kabinen waren beileibe nicht die Prunkstücke des Heims; überzeugt wurde davor oder gar nicht. Dennoch, die Zeit, die sie im Raum hier noch hatte, ehe zwangsläufig doch Frau Maiers oder Herrn Stegemanns Zimmer daraus wurde, war begrenzt.

Marek Piotrowski war mit leichtem Gepäck angereist und es dauerte nun nicht lange, die letzten Spuren seines Aufenthalts zu beseitigen. Sein wertvollster Besitz war zweifellos die Gabe gewesen, zu wissen, wo es etwas Schönes auszuleihen gab. Er war beliebt und zuverlässig. Wer ihm ein Buch anvertraute, wusste, dass es in tadellosem Zustand in kurzer Zeit den Weg zurück finden würde. Dass Puzzles vollständig blieben und Videos zurückgespult wurden, wenn er sie sich borgte. Nina dachte oft, dass auch seine Schwäche für handlich portionierte Lebensmittel seinen Ursprung im Bestreben hatte, sich nicht mehr aufzuhalsen, als man in einer tiefen Jackentasche transportieren konnte. Für einen Aufbruch mit genug Zucker für zwei Tassen Kaffee und genug Senf für eine wirklich fade Bratwurst. Sie nahm die wenigen Besitztümer vom mittleren Bord des Regals. Ein Fotoalbum, in das zu blicken sie sich verkniff, eine kleine Steinfigur, die mal ein billiges Souvenir aus Rom gewesen war, ehe sie es als Erinnerung an Elisabeth zu beträchtlichem emotionalem Wert brachte. Einige zerlesene Bücher. Walkman, Kopfhörer. Ein paar Bänder mit der Lieblingsmusik des Alten. Auf dem obersten Brett waren die geliehenen Dinge verstaut. Nina würde sie den Kolleginnen und Patienten zeigen müssen, um herauszufinden, wem sie gehörten; es wäre Marek, wäre Herrn Piotrowski gegenüber nicht richtig, hier nicht gründlich auf pünktliche Retoure zu dringen. Zuletzt öffnete sie den Kleiderschrank und legte abgetragene Hosen, Pullover und Hemden nacheinander in die Plastikbox, die sie zu diesem Zweck mitgebracht hatte und in der schon die anderen Besitztümer des Toten lagen.

Sie war fast fertig, als aus der Brusttasche eines grob gestrickten Pollunders eine zerdrücke Schachtel und ein kleines, billiges Feuerzeug fielen. Marek Piotrowski hatte sein Leben lang geraucht. Und, trotz aller Bemühungen des Pflegepersonals, auch hier nicht damit aufgehört. Nina hatte ihn nie mit einer Zigarette erwischt, aber zu einigen Gelegenheiten eine flüchtige Note gerochen, als sie das Zimmer betrat. Einmal hatte sie eine bis auf den letzten Millimeter aufgerauchte Kippe außen auf dem Fensterbrett gefunden. Nur weniger Zimmer hatten Fenster, die sich weit öffnen ließen, dieses zählte dazu, ein bauliches Versäumnis, das sicherlich zeitnah behoben werden würde. Im Malborokarton, den sie nun in Händen hielt, steckten zwei weiße Zigaretten, eine davon leicht geknickt. Vielleicht hatte sie ihm jemand aus der Küche zugesteckt, vielleicht ein anderer Bewohner. Sie seufzte, überlegte kurz, die Schachtel zu den Kleidungsstücken, dem Album, dem Figürchen und dem Rest seiner Sachen in die Plastikbox zu legen, entschied sich dann jedoch dagegen. Die Tochter wäre sicher nicht erfreut zu erfahren, dass er weiter an Zigaretten gekommen war. Es war seine Entscheidung gewesen, sich auf den letzten Metern sein Laster nicht nehmen zu lassen; jetzt war es Ninas Entschluss, den Verwandten das Wissen um diesen Akt der Renitenz zu ersparen. Sie steckte die Schachtel ein und stand nun, ohne jede Aufgabe und ohne rechte Idee davon, wie es weitergehen sollte, im vollends auf Null gesetzten Zimmer. Sie starrte zum Tischchen und konnte sich nicht losreißen.

Einmal hatte sie Herrn Piotrowski sein Essen aufs Zimmer gebracht, als es ihm besonders schwergefallen war, aufzustehen. Einige Scheiben weiches Brot, zwei warme Würstchen, Butter, Senf, ein Päckchen Nutella, alles ordentlich portioniert. Dazu hatte es dünne Apfelsaftschorle gegeben, von der sich der alte Mann einen großen Schluck aufbewahrte, um später die Tabletten herunterzuspülen, die in einem kleinen runden Plastikbecher mit auf dem Tablett standen. Er hatte die Butter ausgepackt und mit langsamen, kurzen Bewegungen zwei der Brotscheiben bestrichen. Hatte das Päckchen vollends aufgefaltet und noch den letzten Rest des sämigen Inhaltes herausgekratzt, ehe er sich dem Senf gewidmet hatte. Er hatte das Eck abgerissen und war mehrfach mit sanftem Druck der Innenseiten von Zeige und Mittelfinger am Päckchen entlanggefahren, ehe keine weitere scharf riechende Paste auf den Teller fiel. Zuletzt hatte er sich der Schokoladencreme zugewandt. Eine der beiden gebutterten Brotscheiben erhielt eine dicke Schicht, die vollständige Portion fand Platz; Nina protestierte nicht. Erst dann hatte er sich an den Verzehr gemacht, langsam, durch seine schadhaften Zähne hindurch schmatzend. Die ihm zugeteilten Portionen mochten übersichtlich, knapp, endlich gewesen sein. Doch Marek Piotrowski hatte es sich nie nehmen lassen, sie vollends auszuschöpfen.

Auf dem Flur näherten sich die Schritte des Heimleiters und der Besucher. Nina wusste, dass sie schon fort sein sollte; sie hätte nicht so lange für ihre Arbeit brauchen dürfen, sie sollte nicht hier sein mit den Besitztümern des vorigen Bewohners. Niemand mochte daran erinnert werden, dass erst vor wenigen Stunden jemand im Zimmer des Menschen, den man einquartieren wollte, gestorben war, niemandem half der Gedanken an das Schnelle Beziehen und Entrümpeln dabei, sich mit der Idee anzufreunden, hier bald Vater oder Mutter, Großpapa oder Uroma unterzubringen. Hastig schlüpfte Nina aus dem Zimmer und senkte den Blick, als sie dem Dreiergrüppchen, das Herr Piotrowskis Zimmer ansteuerte, entgegenkam.

Sie brachte die Box zur Abholung an den Empfang im Erdgeschoss und trat ins Freie. Sie steckte die Hände in die Jackentaschen. In einer raschelte das Plastik, das den

Karamellkeks umschloss, in der anderen drückte sich die spitze Kante des zerknickten Zigarettenpäckchens in ihren Daumenballen. Tief ausatmend setzte sich Nina in Bewegung. Ihre Schicht war beendet. Mit einem Flackern erwachte das BIC zum Leben. Nina sog den scharfen Geschmack des Rauches ein und unterdrückte ein Husten. Dann zog sie weiter. Ging und rauchte. Rauchte und ging. Bis zum letzten Millimeter vor dem Filter des stinkenden Stängels. Der Qualm der Zigarette stieg auf und bildete ein flüchtiges Wölkchen. Fast sah es aus wie ein kleiner, grauer Geist.

Schreibimpuls · Ein Text, in dem das Wort »Senf« vorkommt und in dem die Frage, ob Butter unter Nutella gehört, mit »ja« beantwortet wird.

Aufsicht gesucht

Es war nicht die Bezahlung. Im Gegenteil. Fünf Mark auf die Stunde, drei Stunden je Einsatz, nie mehr als drei Einsätze die Woche – ein Taschengeld, höchstens. Es war auch keine pfiffige Gestaltungsentscheidung. Die Anzeige war schlicht gehalten, förmlich, trocken gar, fast unsichtbar im graustufenen Meer der Annoncen: eine Überschrift, Beschreibung, Kontakt. Nicht das Berufsfeld. Tennis? Er verstand nichts von Tennis, interessierte sich nicht dafür. Sein liebster Sport war Handball, immer gewesen, das schnelle Auf und Ab, der Mannschaftsgeist, der harte Körperkontakt, und selbst Handball verfolgte er kaum mehr. Sport im Fernsehen, das waren seine Zwanziger gewesen. Tennis also. Er begriff es wohl, grob, wusste, dass man Bälle mit Ober- und Unterschnitt spielen konnte, wie er wusste, dass Röcke und Kalbsfilets und Romanverfilmungen vom richtigen Schnitt profitierten, und ebenso wie diese drei war ihm Tennis herzlich gleichgültig. Es war das Adjektiv. Zweifellos. Es war das Adjektiv, das ihn dazu brachte, mehrfach genau hinzusehen, mit dem Finger die Zeitung glattzustreichen, dann den Hörer abzunehmen, die Zahlen aus dem Anzeigentext einzugeben, das harte, kühle Plastik der Ohrmuschel an seinen Kopf zu halten. Er wollte nicht die Stelle, nicht die fünf Mark, drei Stunden, dreimal die Woche, wollte nichts an seinem Verhältnis zum Tennissport ändern. Warum auch? Was er wollte, waren Antworten.
– Glückauf Schlägersport Borussia Null Sieben, Hansen am Ball, was kann ich für Sie tun?
– Michalik mein Name. Ich rufe wegen Ihrer Anzeige an.
– Das freut mich! Möchten Sie sich bewerben?
– Ja. Nein. Möchte ich nicht. Ich habe nur eine Frage.
– Ja?

– Haben Sie wirklich ... alles richtig gesetzt?
– Wie meinen?
– Bei Ihrer Anzeige!
– Nun, die Telefonnummer scheint in Ordnung zu sein.
– Offenbar.
– Sie wollen Tennisschiedsrichter bei uns werden.
– Hm.
– Was stört sie denn nun?
– Dass Sie ... laut Anzeige suchen Sie einen ... einen schlechten Tennisschiedsrichter.

Eine Pause entstand. Peinlich, das. Also, nicht die Pause, aber sein Gegenüber mit dieser Fehlleistung konfrontieren zu müssen: unangenehm. Michalik hob die Augenbrauen und blickte unwillkürlich zum Hörer. War der andere noch da? Brach ihm gerade der Schweiß aus? Er hatte lange genug in Vereinen gewirkt, in der Feuerwehr, in der Narrenzunft, um sich das Szenario ausmalen zu können. Die wichtige Annonce, einfach in den roten Sand gesetzt, ein Faux-Pas, Doppelfehler, nun würden Hansen und seine Clubkameraden ohne Obmann auskommen müssen. Das nächste Turnier: in Gefahr. Man würde darüber sprechen müssen, bei der Jahreshauptversammlung, da würde sich Gruber melden, der ohnehin nie ganz warm geworden war mit dem Vorstand, er würde noch einmal vorrechnen, was die Anzeige gekostet habe, an sich zunächst, kein Schnäppchen für die klamme Kasse, dann aber vor allem in der Folge, ein Unding, das ihm, Gruber, nie passiert wäre. Eine Pause entstünde, lange genug, um sich an die Vorbehalte zu erinnern, die der Sprecher vor Jahresfrist gegen die Wiederwahl speziell Hansens gehabt hatte. Da half es auch nicht, dass sich dieser und die anderen dafür entschieden hatten, den Fassanstich dieses Jahr erst nach der Entlastung durch den Kassenprüfer anzusetzen, also auch kein symbolischer

Bruderschluck, alte Tradition eigentlich, allgemeine Unzufriedenheit, Meuterstimmung, und immer wieder: dieses peinliche Dokument aus der Gemeindedepesche, schwarz auf weiß und doch ein durch und durch dunkles Kapitel. Michalik litt mit.
– Und? Möchten Sie sich nun bewerben oder nicht?
– Also, das ist doch … Herr Hansen, ich komme nicht mit – warum suchen Sie denn einen schlechten, also einen explizit schlechten Mann für diese Aufgabe?
– Ich sehe das Problem. Sie sind wohl mit dem Amateurtennis nicht vertraut? Ich will es Ihnen erklären. Sehen Sie, niemand hier spielt besonders gut. Ja, der alte Kowalski hatte seine Zeit, aber seit der Sache mit dem Knie: ein Schatten seiner selbst. Maier? Passabler Serve, aber wenn der zurückkommt – Land unter. Verstehen Sie?
– Herr Hansen, ich gebe zu, ich verstehe nicht.
– Also, was gibt es zu sehen bei den Vereinsmeisterschaften? Schlechten Tennissport, resignierte Herren in kurzen Hosen, knappe Ballwechsel? Wo bleibt die Emotion, die Hoffnung, der Ärger, der Streit? Und da kommen Sie ins Spiel, Herr Michael.
– Michalik.
– Herr Michalek. Wenn Sie nichts von Tennis verstehen, sind Sie unser Mann! Tragen Sie Brille?
– Ja, zum Autofahren.
– Bestens! Einfach daheimlassen. Und dann tun Sie ihr beschränktes Möglichstes. Es gibt nichts, was die Zuschauer besser unterhält als der gemeinsame Ärger auf den Schiedsrichter. Nichts macht unser Publikum glücklicher, als etwas besser zu wissen. In dem Fall: besser als Sie.
– Im Ernst?

– Im Ernst. Wir stellen ein Clubmitglied ab, um Sie anschließend zum Auto zu bringen, eine Pfeife bekommen Sie auch von uns.
– Und die Spieler? Werden die nicht ungehalten?
– Machen Sie Witze? Wenn Eugen Schmidt Sie statt seiner laschen Rückhand vorschützen kann, wenn er wieder das Achtelfinale nicht übersteht, ist doch allen geholfen!
– Fünf Mark auf die Stunde also?
– Fünf Mark. Je zwei Begegnungen an den drei Tagen dieses Wochenendes.
– Das kommt mir nicht sonderlich viel vor.
– Nun, Sie sind kein sonderlich guter Schiedsrichter, oder?
– Das stimmt.
– Eben.
– Freitag dann?
– Freitag. Seien Sie um 13:00 vor Ort. Oder später, das freut den Wurstverkäufer.
– Eins noch – was genau ist ein Serve?
– Herr Michalek, wir freuen uns auf Sie.

Schreibimpuls · Schreib einen Text, in dem eine ungewöhnliche Stellenausschreibung eine tragende Rolle einnimmt.

Ein Pionier

Ein Kastanienblatt wird vom Wind durch die Straßen getrieben wie ein Eishockey-Puck vom Schläger des Spielmachers Sekunden vor Schluss im entscheidenden Drittel. Zielstrebig, schlagartig Haken schlagend, ein Zögern, ein Losstürzen. Es tanzt über breite Straßen, durch die Menschen mit zwischen die Schultern geklemmten Ohren hasten, an vereinzelten parkenden Autos vorüber, auf den Platz zu, auf dem die vier riesigen Stahlfüße stehen. Es schlängelt sich an den wartenden Reportern vorbei; ein leises Knacken in der trockenen Struktur, als sich Blatt und Kamelhaarmantelschulter treffen, es taumelt, dann wird es weitergetragen, den Stahlstreben des Turmes entgegen, auf dessen erste Plattform alle Blicke gerichtet sind. Als das Blatt im Windschatten des Betonsockels zum Liegen kommt, sanft über den Boten kratzt, zwischen hunderten anderen und dem achtlos fortgeworfenen Unrat der Touristen, nimmt andernorts erst jemand die Flugreise auf. Siebenundfünfzig Meter über dem Boden springt Franz Reichelt, gehüllt in seinen selbst konstruierten Anzug, von der Aussichtsetage des Eiffelturms in die Tiefe.

Kameras lösen aus, Münder werden aufgerissen, Hüte mit deformierendem Ungestüm in den Händen gerungen.

Die winterkalte Luft des Februarmorgens umfängt den Pionier in seiner Erfindung.

Die Welt braucht mehr Menschen wie Franz Reichelt. Er, der Schneider, hatte ein Problem gesehen zu Beginn des letzten Jahrhunderts: das tragische Sterben der Piloten, die in den sich langsam etablierenden Flugzeugen bei den immer noch allzu regelmäßigen Fällen von Defekt, Panne, Störfall schutzlos dem Sturz aus großer Höhe ausgesetzt waren. »Non plus!«, sagte er sich wohl, was nicht final zu belegen ist, denn wiewohl Reichelt in Paris lebte und den Namen François auftrug, mag er instinktiv in seiner Muttersprache deklamiert haben: »Nimmermehr!«.

Oder so.

Gerührt vom Heldenmut der Himmelsstürmer setzte er sich daran, mit dem ihm vertrauten Werkstoff Abhilfe zu schaffen. Ein Anzug, dachte er sich, mit genug Fläche, genug Textil, um Wind einzufangen, sollte einen solchen Fall bremsen können, aufhalten womöglich? Galt nicht, was für ballonseidene Pantalons auf der Avenue des Champs-Élysées stimmte, erst recht für ein Kleidungsstück, das eben zu diesem Ziel genäht war – dass nämlich die Luft zuverlässig ihren Weg in die losen Bahnen aus Stoff finden würde, als seien sie ihm eine lang vermisste Zuflucht? So schnitt er los, nähte und verwarf, säumte und verstärkte, zerriss, kombinierte, faltete, leimte und flickte, bis er einen Prototypen erstellt hatte, der Erfolg wenn schon nicht versprach, so doch wenigstens vage in Aussicht stellte.

Es gibt ein Foto von Franz Reichelt und seiner Schöpfung.

Ein bisschen sieht er darauf so aus, als sei er in den ersten Zügen eines Kostüm-Fittings für ein epochales Fantasy-Musical. Riemen und Gestänge, Beinmanschetten, eine Nadelstreifenhose, um ihn her der weite Anzug, einem sehr großen Trenchcoat ähnlich, über dem Kopf die Ausläufer des Ungetüms, hoch aufgespannt mit gerefftem Stoff in der Mitte, wie ein schmaler Theatervorhang. Reichelt selbst hat die Brauen zusammengezogen und präsentiert mit gerecktem Kinn den mächtigen, struppigen Schnauzbart. Ein Entdecker durch und durch. Ein Mann von heiligem Ernst und festem Stuhlgang. Der Apparat, den er entwickelt hat, sieht einem modernen Fallschirm so ähnlich wie das Grammophon der Bluetooth-Box, doch das Prinzip ist erkennbar: Im Gegenwind soll sich der lose Stoff zwischen den Beinen, unter den Armen, über dem Kopf aufspannen, in waagerechter Haltung liegend kann der Stürzende so zumindest das Gröbste verhindern – namentlich den Exitus durch ungebremsten Aufschlag.

Grundsätzlich ein bombensicheres Konzept des Nichtphysikers und Nichtingenieurs Reichelt.

Eine brillante Idee des Nichtpiloten, des Nichtbauzeichners, des Nichtmathematikers.

In der Theorie ein Geniestreich des Nichttheoretikers.

Nun, am vierten Februar 1912, kommt die Praxis zu ihrem Recht.

Als die Figur in der Höhe abhebt, beantwortet sich eine Frage vor allen anderen: Ja, er tut es selbst.

Entgegen der eigenen Ankündigung, eine Puppe den gefährlichen Stunt vornehmen zu lassen, und eben nicht im Einklang mit der Genehmigung der Polizeipräfektur von Paris, die nur ein Experiment ohne menschlichen Flieger gestattet hatte, wirft sich Reichelt persönlich in den Wind. Die Gründe sind nicht bekannt, können aber vielfältig sein, wie der Anzug selbst. Dass etwa die Puppen bei vorherigen Versuchen stets wie Steine aus dem Himmel gefallen waren – sie konnten eben nicht lenken, den Stoff aufspannen und stabil halten, hatten zudem eine andere Gewichtsverteilung als ein echter Springer. Vielleicht will Franz Reichelt auch einfach den eigenen Ruhm mit seinem heldenhaften Exempel unterfüttern. Jedenfalls setzt er sein Leben aufs Spiel – für die Perspektive, das vieler anderer retten zu können.

Dass er also den Schritt ins Leere tut, muss vielen großen Männern und Frauen die Schamesröte ins Gesicht treiben. Wo sind die Könige, die noch selbst ihre Kriege ausfechten?

Wo die Firmenbesitzer, die den neuen Prototypen auf die Teststrecke fahren, weil niemand sonst ihr Risiko tragen soll?

Wo verstecken sich die Ärzte, die Kuren am höchstselbst erproben, wo ist der Lehrer, der bei eigenem Fehlverhalten brav den Handrücken zum Empfangen der Strafe durch die Klasse ausstreckt?

Da liegt einer in der Luft, der an das glaubt, was er erschafft, der kein Risiko scheut, die eigenen Überzeugungen bis zuletzt vertritt. Kameras lösen aus, sogar ein verwackelter Film entsteht. Wir erkennen: Nein, hier fliegt keine Puppe, hier ist ein Mensch aus Fleisch und Blut und purer Willenskraft. Männer heben Filzhüte von Köpfen, Damen reißen die Hände vor den Mund, atemlos, allesamt.

Und so bleibt uns Franz Reichelt, der François geheißen werden will, im Gedächtnis.

Als Held.

Als Vorbild.

Als Pionier.

Dass sich die hilflosen Berechnungen als fatal und die gescheiterten Puppentests als erstaunlich akkurat herausstellen werden, soll dabei das Bild des großen Mannes nicht trüben. Dass er mit seinem schnell einsetzenden ungebremsten Sturz nicht nur die Polizei, die wohlweislich eben keinen Menschenversuch erlaubt hatte, sondern auch Stadtreinigung und Sanitätspersonal gegen sich aufbringen wird, ist nur eine Randnotiz. In 57 Metern kann ein Körper, nur geschützt von sich heillos verhedderten Planen und Kordeln, eine Menge Tempo aufnehmen. Vier Sekunden wird Reichelt bis zum Boden brauchen; mit den gängigen Formeln zum freien Fall im homogenen Feld lässt sich feststellen, wie wenig ihm seine Konstruktion hilft.

Hätte er ein Kastanienblatt in jede Hand genommen und wild mit den Armen geflattert, der Effekt hätte kaum geringer sein können.

All das sind kleingeistige Anmerkungen, die nicht vom Wesentlichen ablenken dürfen: dem Mut eines einzelnen Mannes, geschöpft aus Ahnungslosigkeit und Selbstvertrauen, potenziert durch Pflichtgefühl und eine gesunde Portion Ehrgeiz. Gegen den Widerstand all derer, die mit Berechnungen, Naturgesetzen und dem Verweis auf die praktische Anschauung im Vorfeld Sand ins Getriebe seiner Vision zu streuen suchten. Gegen den Selbsterhaltungstrieb. Selbst gegen die französische Hauptstadtbürokratie. Ein Exempel für die Macher dieser Erde, die von Bedenken nichts hören wollen. Die mehr tun als reden. Die es besser wissen, weil sich all die Schreibtischtäter ja doch nur hinter ihren Zahlen und Formeln und Bedenken und Erfahrungen verstecken.

Franz Reichelt wurde zweiunddreißig Jahre alt. Ein kurzes Leben – doch lang genug einen Abdruck zu hinterlassen. Pardon. Einen Eindruck.

Mein Fehler.

Schreibimpuls · Nimm dir eine wahre Geschichte und drehe ihre Deutung um, vom Tragischen ins Komische oder umgekehrt.

Wutrot

Als wir stehenbleiben, ist nicht mehr viel zu tun oder zu sagen. Wir sind da, vor meiner Tür, du musst weiter, die Straße hinunter auf den Bus. Wir wissen das. Wir wissen das schon, seit wir an der Bar aufgebrochen sind. Jeder Schritt seitdem war ein Atemstoß in den Luftballon der Erwartungen. Jetzt ist er zum Bersten voll und spannt unter dem Brustbein. Das Sprechen fällt schwer. Ich habe Angst, dass etwas aus mir herausknallt, ungebremst, das Zurückhalten tut weh in der Kehle.

»So. Dann.«

Sagst du.

»War schön.«

Sage ich.

Meine Arme sind an meinen Körper geschweißt, die Hände flattern auf Höhe der Hosentasche hilflos herum. Handwelpen an der kurzen Leine. Ich habe den Kopf in meinem Kragen eingelegt, zentimetergenau passt das Kinn hinein in meinen halslosen Jackenpanzer. Wir halten eine Pause aus, einfach, weil uns nichts Besseres einfällt.

Ich zögere immer ein wenig, Menschen mit zu mir zu nehmen. Nicht, weil es nicht schön ist bei mir oder weil ich nicht so gut aufräume. Nicht, weil die Katze unfreundlich wäre. Sie ist ausnehmend unfreundlich, zugegeben, aber Katzen verzeiht man sowas, wenn man Katzen mag. Wenn man Katzen nicht mag, dann ist das eben so, dann macht die Freundlichkeit der Katze auch keinen Unterschied mehr. Wenn ich wie die Katze wäre, dann müsste ich mir keine Gedanken darüber machen, ob ich jemandem erlaube, zu mir zu kommen. Dann würde das einfach keiner wollen, so feindselig und launisch ist sie, wäre ich, und da ich keine Katze bin, würde mir das auch bei den Leuten nicht helfen, die Katzen mögen und daher über ihren Charakter hinwegsehen. Mein Zögern hat mit meinen Mitbewohnern zu tun. Hinter der Wohnungstür breiten sie sich aus, in jedem Winkel jeden Zimmers lungern sie herum. Ihre Spuren sind nicht zu übersehen, auch dann, wenn sie sich gerade diskret im Hintergrund halten.

»Rauchst du noch eine?«
»Hab genug, glaube ich, danke.«
»Wartest du? Eine nehm ich noch.«
»Klar.«

Nur mein halber Kopf ist noch anwesend, genau der Teil, der verlegen am Filter zieht. Der Rest malt sich aus, wie es wäre, durch die Türe zu treten.

In der Küche hat sich der Übermut einen Topf Nudeln gekocht. Nicht: eine normale Menge Nudeln in einem Topf. Einen Topf übervoll Nudeln, einen großen, mit zwei dicken Henkeln. Die Scham würde die Reste gerne endlich wegwerfen. Abgießen, wegtun, den ganzen weichgewordenen Kohlenhydrat-Schmodder, die zwei Drittel des Topfes, die für-später-Reste, das kann-man-ja-Anbraten. Blassgelb siechen sie dahin, aber das Zögern wacht noch darüber. Ist nochmal für was gut. Neben der Küche teilen sich der Hochmut und die Einsamkeit das grüne Zimmer. Niemand weiß, wie sie es miteinander aushalten und niemand weiß, warum sie nicht wenigstens mal die Wände neu streichen, die ein schlecht beratener Vormieter in fleckiger Schwammtechnik zu einem geschmacklosen Blätterwald-Panorama verunstaltet hat. Wahrscheinlich hat beides miteinander zu tun. Dass sie sich ständig in den Haaren liegen – und dass sie nicht dazu kommen, endlich mit Alpinaweiß einen Schlussstrich unter das traurigste Kapitel der WG-Innengestaltung zu ziehen.

»Mir ist ein bisschen kalt. Ich glaube, ich mache mich mal auf den Weg?«

»Hmm. Wann fährt denn der Bus?«

»Siebzehn Minuten. Hab' eigentlich noch ein bisschen.«

»Okay.«

Wenn die Angst mal nicht daheim ist, macht sich die Zufriedenheit gerne im Wohnzimmer breit. Überall auf dem blauen Sofa liegen dann ihre dicken Wollsocken, die sie halb aus Modegründen, halb aufgrund ihres chronisch niedrigen Blutdrucks trägt. Sonst hält sie beisammen, was ihr gehört, denn lange hat sie den Raum nie für sich. Trotzdem mag sie es hier lieber als am anderen Ende des Flurs, neben der Wut, die meistens die rot lackierte Tür verschlossen hält, was nicht verhindern kann, dass die tiefen Bässe ihrer leistungsstarken Bassboxen durch alle Wände, Fugen und Ritzen pulsieren. Ein dauerndes, niedrigfrequentes Wummern, ein Kopfschmerz für alle, die sich die eng geschnittene WG mit ihr teilen müssen. Gegenüber, da, wo das Parkett sich nach einem Wasserschaden gewellt hat, ist die Freude die Einzige, die sich nicht aus der Ruhe bringen lässt. Durch die weit offen stehende Tür glimmt das orangefarbene Licht ihrer Lavalampe in den Flur; wer in das Zimmer späht, sieht, wie aufgeräumt es ist, wie immer, wenn die Begeisterung zu Gast war, für ein paar Stunden nur.

»Du. Ich find das komisch. Als was treffen wir uns? Was willst du eigentlich?«

Ich spüre die Hitze der Glut an den Fingern und das Brennen von Rauch in meinen Augen. In mir zusammengezogen zähle ich die Sekunden herunter, die mir das tiefe Einsaugen als unverdächtige Pause zugesteht.

»Ich weiß nicht. Was willst du denn?«

Die Worte wischen über dich und legen eine Maske der Enttäuschung auf dein Gesicht. Und der Ablehnung.

Das Bad ist voller Zahnbürsten. Lila Gummigriffe, braune Bambusstiele. Eine zerdrückte Zahnpastatube ist unter das Waschbecken gefallen, an das sich mit müden Armen die Traurigkeit lehnt. Sie schrubbt mit halbherzigen Bewegungen und schaumverschmierten Lippen die Reste vom Abendessen aus dem Mund und schaut sich selbst dabei in die ganz in Grau gefassten Augen. Der Jähzorn war da, mal wieder. Und hat sie alleine zurückgelassen. Hinter ihr, auf dem Rand der Badewanne, steht eine Messinggießkanne. Aus einem kleinen Loch am Boden ist das Wasser in die Wanne gelaufenen und hat einen schlierigen Streifen zurückgelassen. Ich mach daraus eine Blumenvase, hatte die Zuversicht gesagt, und nicht nur der Frust hatte hinter ihrem Rücken genervt den Kopf geschüttelt.

Wer die Diele entlanggeht, an all den Zimmern vorbei, das Geschnatter hört, das Klappern und Streiten, vorüber an der Nervosität, die bei offenem Fenster fröstelnd und bloß in der kleinen Loggia einen Weißwein trinkt und in die Nacht sinniert, der erreicht die Vordertüre mit dem türkisenen Fußabstreifer. Und durch die Türe ist eine Stimme zu hören.

»Es tut mir leid. Ich fänd es schön, wenn du noch mit reinkämst. Aber das geht nicht. Sorry.«

Dann ist da eine greifbare, schmerzhafte Stille. Das Rascheln hilflos gezuckter Schultern unter einem wollenen Schlauchschal, mehr zu erahnen als zu verstehen. Ein Nuscheln.

»Okay. Na dann. Mach's gut.«

Ein Klappern von Schlüsseln. Leises Knirschen in Scharnieren. Die Tür fällt ins Schloss und ein Rücken rutscht die Türe hinunter.

Und dann ist es still.

Schreibimpuls · Schreibe eine Geschichte, in der du mit deinen Gefühlen in einer WG zusammenwohnst. Alle Farben des Farbkastens, eine Katze und eine kaputte Gießkanne sollen darin vorkommen.

Platzregen

Unter
Regenschwerem Dunkelgrau hängt
Ein Transparent
An langen Stangen, nassgesogen schwer
Und darunter
Dicht gedrängt
Die Menge
Banner Schilder Buttons Patches mit Parolen
Rote grüne schwarze schwarze schwarze
schwarze Jacken
Die Erregung: greifbar
Aggressionen: unverhohlen

                              Unter
            Dunkelgrauer Regendecke thront
                      König Carbon
                   Helm und Panzer
                      Nasser Glanz
                      Auf Anthrazit
Stock und Schild fürs ganze Bataillon
        Hufe scharren, Staffel schreitet
Asphalt Teer Pflastersteine Steine Steine Steine
                  Die Muskeln: gespannt
                      Nüstern: geweitet

Im
Takt der Rufe: Bewegung, Gespräche verstummt
Ringsum Kameras. Die Ersten vermummt
Dort: Silhouetten gerüsteter Krieger
Vor den Gängen, den Gassen
Hier: Die Blicke entschlossen zur Erde

Eine Sperre voraus
In die Enge gezwungen
Durch die Leiber der Pferde

                          Im
Ersten Moment: Zweifel, der Puls geht nervös
Hat sich da ein Grüppchen im Zuge gelöst?
       Flüchtige dunkle Gestalten
          Im Wogen der Schemen
        Das Wasser perlt vom Visier
           Ein Satz nach vorne
             Adrenalin kocht
            In Reiter und Tier

Beim
Schlagen der Hufe bückt sich Einer
erschrocken zum Grund
Ein Zweiter folgt seinem Beispiele und
Ballt seine Hände zu Fäusten
Ein Dritter zieht einen Schal ins Gesicht
Als ein gleißender Blitz vor dem
Wolkendach bricht
Ein Feuerwerk jagt durch die Pfützen

                          Beim
     Schlagen des Donners drücken sich
             Fersen in Flanken
        Das Ducken der Leiber im
          Wogen und Wanken
Zieht die Augen des Reiters in Bann
Ein Kommando, gebellt in harten und knappen
Worten, befielt, sich für Steine zu wappnen
      Die Rümpfe der Tiere zu schützen

Durch
Das Lärmen des brüllenden Regens
Sind die Befehle nicht zu vernehmen
Hektisch fällt mancher zurück
Sucht in der Flucht sein Glück

                          Durch
          Das Lösen der Ränder wird das
                    grad schon beengte
      Feld für Manöver der Staffel gesprengt
          Einer fängt laut an zu brüllen:
            Aufschließen! Lücke füllen!

In
Vollem Lauf, Blick über die Schulter,
die Hände kalt
Fällt einer, als er einem Tier in die Flanke prallt

                                      In
    Einer Bewegung wenden sich Reiter und Pferd
    Als der Arm in Richtung des Angreifers fährt

Auf
    Einmal explodiert in einem Kopf ein Licht
                                    Als
  Die Nase unter dem Stockschlag zerbricht

              Unter
Regengrauem Himmel prasseln Tropfen Schläge Steine
   Straftaten? Viele. Verfehlungen? Keine.
      Am Ende ein ungleicher Streit

In
Den Titel von billigen Blättern
Wird stehen, in riesigen Lettern:
EINE ABREIBUNG!
WURDE AUCH ZEIT

Im
Netz werden Bilder verbreitet:
Die Staffel, die im Vollgalopp reitet!
EIN MASSLOSER AKT
DER GEWALT

Mit
Hilfe von Klammern und Sägen und Feilen
Kann eine Nase fast restlos verheilen
Narben verblassen bald

Auf
Beiden Seiten Schuld? Theoretisch.
Nur: Das hier
War niemals
Symmetrisch.

Schreibimpuls · Schreibe einen Text, der sich um die Wechselwirkung zweier Kräfte dreht.

Emma ist weg

»Das hat ja auch keiner ahnen können«, sage ich, und lüge damit weder zum ersten noch zum letzten Mal an diesem Abend. Ich hatte es geahnt, alle hatten es geahnt, nur Lucas hatte es nicht geahnt, und wenn doch, dann hatte er diese Ahnung in sich überstimmt. Die Freunde am Tisch nicken nachdenklich und tröstlich wie eine Galerie von Wackeldackeln auf der Hutablage während einer Kaffeefahrt auf gut gepflegten Bundesstraßen. So schnell lügt man, ein bisschen wenigstens.

»Wir hatten das alles ... besprochen. Warum es beim ersten Mal nicht geklappt hat. Dass wir mehr reden müssen. Und dann, keine Erklärung, nichts, einfach abgehauen.«

Lucas sitzt, umringt von uns halbwegs hilflosen Plastikhunden, am Eck unseres Stammtisches und lamentiert in sein viertes Hasseröder. Montag war Emma gegangen, heute, am Freitag der Folgewoche, hatten wir Zeit für ihn. Das ist vielleicht das Tragischste an Trennungen im Erwachsenenalter: Die Support Group trifft sich nicht nach Chemie auf dem LIDL-Parkplatz, sondern nach einer Doodle-Umfrage zwischen Feierabend und Baby-Pflichten.

»Menschen ändern sich nicht, Lucas«, sagt Gregor, und wickelt eine Packung Zigaretten aus, die vierte letzte Schachtel des jungen Monats.

»Das ist doch nicht der Punkt«, sage ich, »Menschen müssen sich ja nicht ändern, nur dazulernen. Das ist was ganz anderes!«

»Natürlich ändern sich Menschen«, sagt Basti, »nur halt selten zum Besseren. Wir werden schon immer dümmer, finde ich. Sonst hätten nicht alle neuen Firmen nur noch vier Buchstaben im Namen, um uns nicht zu überfordern.«

»Ist doch Haarspalterei. Dann eben: Menschen lernen

nichts grundsätzlich Neues, nicht über sich«, entgegnet Lucas, ohne davon abzusehen, seinen Bierdeckel mit den Fingernägeln zu zerkrümeln.

»Bolt, Wolt, Uber, Lift ...«

»Quatsch. Lucas hat doch auch gelernt, besser über Probleme zu reden. Sonst wären wir ja alle nicht hier, oder?«, werfe ich ein.

»Lime, Loom, Brex, Tier ...«

»Eigentlich hab ich ja allen Bescheid gesagt«, gibt Gregor zu bedenken. »Und vor dem dritten Pils ist da nicht viel mehr passiert als Kniffel und abwarten.«

»Hey – ich sitz hier übrigens?«

»Oico, Bird, Jodl, Flic.«

»Sorry, Lucas. Ich mein' ja nur, im Kern würdest du das immer noch am liebsten alleine ausbrüten, oder?« Gregor ist ein Mann für toughe Wahrheiten, solange sie nicht mit den Erfolgsaussichten seines Basketball-Teams zu tun haben.

»Jodel schreibt man mit e. Und ich bin ziemlich sicher, dass du dir Flic ausgedacht hast«, sage ich.

»Schon okay, ich weiß das ja zu schätzen. Tut gut, dass ihr da seid, danke.«

»Das E in Jodel spricht aber kein Mensch, könnte man auch weglassen. Und Flic ist zwar ausgedacht, könnte aber easy auch eine Dating-App sein, die nach Filmgeschmack matcht oder so.«

Alle schweigen, Gregor raucht. Basti schaut im App-Store nach, welche Start-Ups er vergessen hat, Lucas reibt sich die Stirn. Ich flicke einen Würfel über den Tisch, er prallt an Gläser, dann den Aschenbecher, und fällt zu Boden. Ächzend beuge ich mich zur Seite, um ihn aufzuheben. Der unausgesprochene Plan, unseren frisch alleinstehenden Freund vielleicht kurzfristig direkt neu zu vermitteln, steht angesichts unserer kaum elektrisierenden kollektiven

Außenwirkung unter keinem guten Stern.

»Wenn es ihr wichtig gewesen wäre, dann hätte sie das alles ernster genommen. So oder so«, versucht Gregor, das Gespräch wieder ins Laufen zu bringen.

»Und wenn sie das jetzt nicht hinkriegt, dann ist sie auch in Zukunft niemand, auf den du dich verlassen willst«, füge ich hinzu, froh, dass wir in eine gemeinsame Kerbe schlagen. »Ist gar nicht so wichtig, ob sie sich ändern könnte. Oder was lernen könnte, was weiß ich. Nur, dass sie das für dich nicht wollte.«

Manchmal frage ich mich, wer wohl das Zeug zur deutschen Taylor Swift hat. Und ob sie noch einen Songwriter sucht. Ich probiere, nicht zu zufrieden mit mir auszusehen, während Lucas mit der Körperspannung einer nur halb gestopften Kalbsbratwurst über dem zerschlissenen Holz des Tisches hängt.

»Und ich? Vielleicht hab' ich ja irgendwas nicht gelernt. Muss ich mich ändern?«

Drei betretene Dackel tauschen über halbleere Pilsgläser schnelle Blicke.

»Uff«, sagt Gregor.

»Hmm«, mache ich.

»Also«, ergänzt Basti.

Kurz ist es still. Das kann kein angenehmer Moment für Lucas sein, der auf seinem Stuhl zusammengesunken ist, mit der Körperspannung von Jesu' Leichnam in Marias Armen in Michelangelos Pietà. Dass er dabei ein Ninja Turtles-Shirt trägt, gibt seiner Erscheinung eine gewisse ironische Qualität. Erwartungsgemäß ist es Gregor, der sich durchringt, die Gründe unseres Zögerns zu verbalisieren.

»Naja. Ich meine. Nein. Du musst dich nicht ändern. Geht vielleicht auch gar nicht, oder? Aber. Also. Du bist schon manchmal sehr ...«

»Intensiv«, springe ich bei.

»Fixiert«, sagt Basti.

»Ja«, nimmt Gregor den Ball dankbar auf. »Es ginge jetzt ein bisschen darum, das gewissermaßen, sozusagen, irgendwie mehr zu, ähm, bändigen. Das kann man ja lernen, oder?«

Wir nicken eifrig, dankbar, dass er sich ums Reden kümmert.

»Und sicher war Emma auch einfach nicht die Richtige. Die hat sich nicht wohl damit gefühlt, so im Mittelpunkt zu stehen für dich. Aber dich ändern? Unsinn.«

»Völlig«, ergänze ich.

»Zoom!«, sagt Basti. »Auch nur vier Buchstaben.«

Lucas sieht verwirrt aus. Kein Wunder; wenn das, was wir machen, trösten ist, dann möchte ich nicht wissen, wie mobben aussieht.

»Sorry«, sage ich, »ist jetzt vielleicht nicht der Moment für Self Improvement, oder?«

»Stimmt«, sagt Basti.

»Du bist schon echt okay«, sagt Gregor. Seine Hand liegt auf Lucas Schulter, ganz leicht, kein Klopfen, kein Drücken.

Wir schweigen.

Ich denke darüber nach, dass wir hier vor ein paar Jahren noch nicht so gesessen hätten.

Vielleicht hat sich was geändert.

Vielleicht wir.

Vielleicht.

Schreibimpuls · Können Menschen sich ändern? Was ist dafür nötig?

Neunzehn Stufen

Vielleicht ist die Schlange ja nie zu Ende.

Vielleicht drängeln gerade genug Jungs mit bunten Shorts irgendwo zwischen der Leiter und dem Beckenrand, um einem geduldig Wartenden jedes Vorankommen unmöglich zu machen. Genau genug.

Dann könnte er gelegentlich genervt den Kopf schütteln, sich laut ärgern über die anderen, die sich nicht ordentlich anstellen, diese endlose Reihe von dünnen Gliedern, Sommersprossen, vor Begeisterung breiten Mündern voller zu großer, zu breit gestaffelter Zähne.

Dann würde er irgendwann umdrehen, entrüstet, und sagen, dass er nicht drangekommen sei, dass das unfair wäre. Er würde extra böse gucken, damit man ihm das auch glaubt. Heute wäre es sicher so weit gewesen. Gefreut hat er sich. Aber der Bademeister macht ja nichts gegen das Schubsen und Reinmogeln, das »Du darfst hinter mich« und »Ich stand hier schon«. Obwohl die sogar gerannt sind, so richtig, voll geklatscht hat das, nackte Füße auf heißem Beton, und obwohl man das alles nicht darf, schon gar nicht rennen, hat der Typ mit dem roten Shirt nichts gesagt.

Heute wäre er bestimmt gesprungen.

Dann ist die Schlange zu Ende, einfach so.

Mit der rechten Hand greift er das Edelmetall der runden Geländerstange. Es ist warm. Nein, es ist heiß. Die Linke greift den anderen Handlauf, ganz fest, kurz steht er da, als wolle er den Sprungturm am Umkippen hindern. Man weiß ja nie.

Dann setzt er einen Fuß auf die geriffelte Stufe. Das Metall schneidet sich in seine Sohle. Ist das richtig so? Findet das niemand komisch, dass das so weh tut? Vielleicht ist die Stufe kaputt und er müsste etwas sagen, er ist fast sicher, dass er sich die Haut aufreißen wird, wenn er sein Gewicht auf den Fuß verlagert.

Er steht jetzt schon zu lange da, das spürt er. Atmet aus, streckt das Knie durch.

Erste
Stufe
Zweite
Stufe
Dritte
Stufe
Vierte
Stufe
Fünfte
Stufe
Dann ist er beim Einmeterbrett
Sechste
Stufe
Siebte
Stufe
Achte
Stufe
Neunte
Stufe
Zehnte
Stufe
Elfte
Stufe
Zwölfte
Stufe
Dann ist er beim Dreimeterbrett
Dreizehnte
Stufe

Vierzehnte
Stufe
Fünfzehnte
Stufe
Sechzehnte
Stufe
Siebzehnte
Stufe
Achtzehnte
Stufe
Neunzehnte
Stufe
Und dann ist er oben, auf dem Fünfer.

Er steht da und ist sicher, dass ein Fehler vorliegt. Ein Geländer, grade mal bis zu seinen zwölfjährigen Schultern, das kann unmöglich genug sein. Er müsste nur zwischen den beiden in der Sonne glänzenden Metallstangen hindurchsteigen, oder dort ins Leere treten, wo er eben die Leiter hochgestiegen ist, und er würde fallen.

Nicht, dass er für irgendetwas anderes hergekommen wäre.

Kühler Wind trocknet die letzten Wassertropfen auf seinem Rücken, ihn schaudert. Der rutschfeste, raue Belag kitzelt, er bemerkt erst jetzt, dass er bereits in Richtung Kante schlurft. Die Füße kaum hebt dabei. Das Becken strahlt hellblau, funkelnd, er hört das Schwappen am Rand, wo gurgelnde Überläufe die ambitioniertesten Wellen abschöpfen, verursacht von Springen, die ihre Körper zu Paketen falten, zu Kugeln, Trichtern, zu steifen, aerodynamischen Brettern, hilflos flatternden Knäulen. Jetzt ist er an der Reihe. Fünf Meter von den Zehen aus. Sechs Meter achtundvierzig von seinen Augen. Hunderte in seinem Kopf.

Die Rufe, die an seine Ohren dringen, sind weit weg, auch sie: hunderte Meter. Er weiß, was sie sagen, ohne es verstehen zu müssen. Er will sich ja beeilen. Will die grünen Wiesen, die grauen Wege, die Schirme der Buden, die Dächer der Kabinen, den Flickenteppich aus Liegen und Handtüchern an sich vorbeirasen lassen, die da, ganz weit unten, als Miniatur des Bades nur auf ihn warten. Er will die Beschleunigung spüren, das Ziehen im Bauch, das hektische Luftanhalten, das sich sofort anfühlt, als sei es zu früh gewesen, weil noch so viel Zeit vergeht. Alles verkrampft sich. Alles ist eng. Dann würde er aufschlagen. Er würde ins Wasser gewirbelt, gedreht, würde sofort zu schwimmen beginnen. Würde versuchen, in die richtige Richtung zu tauchen. Würde es schaffen oder nicht. Würde das rechtzeitig merken oder nicht. Würde um sich schlagen, durch die Nase ausatmen, wie er es gelernt hatte, und würde Chlor schmecken, würde versuchen, die Augen zu öffnen, aber da wäre nur Weiß, Blasen, Schaum, Wirbel, würde sich zu besinnen versuchen, spüren, wohin ihn der Auftrieb führt, würde inzwischen längt Druck in der Lunge spüren, würde auf etwas stoßen, einen Beckenrand, den Boden, ein Hindernis, würde begreifen, dass er sich falsch entschieden hatte, er begreift jetzt, dass er schon zu viel Luft ausgeprustet hat, dass der Auftrieb nicht mehr reicht, er sieht sich um, entdeckt die Helligkeit der Oberfläche, zu weit weg, er stößt sich ab, vergisst alle Regeln effektiven Schwimmens, kurze, hektische, enge, wilde Bewegungen. Er spürt einen Schmerz in der Brust, im Hals, beim Versuch, den Rest Luft in der Lunge zu behalten, wird immer panischer.

Wie damals. Vielleicht würde ihn wieder jemand herausziehen. Und sagen, es sei halb so wild gewesen, nur ein bisschen Wasser verschluckt. Arme hoch, jetzt atme erstmal durch. Du zitterst ja. Vielleicht würde er dann mit blauen

Lippen Pommes essen und sagen, es sei kein Problem gewesen, er könne total lange tauchen, der Bademeister hätte ich nicht herausziehen müssen. Voll peinlich. Vielleicht. Oder nicht.

Er hebt den Kopf und lässt den Blick in der Runde herumgehen. Er weiß, wie es sich anfühlen wird. Er muss sich das jetzt trauen, es ist wichtig. Er holt tief Luft, tut einen Schritt. Dann noch einen. Er hört, was sie rufen und nimmt allen Mut zusammen.

Das Metall schneidet sich in seine Sohle. Der Handlauf ist warm. Nein: heiß.

Schreibimpuls · Schreibe einen Text über das Gefühl, sich im Schwimmbad zu verschlucken und (fast) zu ertrinken.

Zum Mitnehmen, bitte

Die Wespenfalle sang ihr leises Todeswimmern – samtig schnurrend, kaum zu hören, dann in unregelmäßigen Abständen aufheulend, wenn ein unglückliches Insekt in den blau pulsierenden Ring eingetaucht war, wo sie unweigerlich entleibt wurde. Massensterben zwischen Apfeltaschen und Kirschberlinern, aus den Augenwinkeln beobachtet und still goutiert von einem knappen Dutzend Anwesenden. Schwüle klebte auf allem, eine Zuckergussschicht auf dem entkräfteten Tag. Aus den kleinen Medion-Boxen, welche die ihnen von hinterlistigen Produktentwicklern zugedachte Lebenszeit bereits heldenhaft um ein vielfaches überzogen, sang Norah Jones halbherzig von Fahrrädern und einer unverbrüchlichen Liebe, während Aufbackbretzeln und Käsebrötchen über den fleckigen Hartplastiktresen wanderten. In einem Anfall von Hektik riss jemand die Kühlschranktüre auf. Kalte Luft fuhr, fast greifbar, durch den schmalen Verkaufsraum, vorbei an der Besitzerin der Hand am Griff der Glastür, nur um dann in der Hitze binnen Sekunden zu vergehen.

»Es ist NICHT der Gabun! Es ist einfach Gabun!«

Die Frau schloss die Türe wieder und wendete die Cola-Flasche aufgebracht in den Händen. Es sah aus, als würde sie den rot gegürtelten Zylinder auswringen wollen.

»Eben nicht. Der Sudan. Der Kongo. Der Gabun.«

Die Entgegnung kam vom vorderen Ende der kurzen Schlange her. Dort hielt ein Mann bereits einen Zwanzigeuroschein zwischen den Fingern, ohne jedoch bisher kundgetan zu haben, was er davon zu erwerben gedachte. Entsprechend hilflos war der Blick der gedrungenen Bedienung mit dem übergroßen, durchsichtigen Handschuh, aufgestülpt und gereckt und auf halbem Wege nutzlos eingefroren. Entsprechend verärgert der Blick des verbleibenden Glutenhungrigen zwischen Tresen und Tür.

»Ägypten. Tansania. Eritrea. Was ist dein Punkt?«

Die dunklen Locken der sich echauffierenden Frau wippten mit jeder Silbe, während sie die Namen der Länder überdeutlich ausspuckte – die Bedienung mit dem unförmigen, klebrigen Accessoire nahm sie nicht weiter wahr. Dass er erzählt hatte, die fragliche Nation nicht nur bereist, sondern gewissermaßen verstanden und adoptiert zu haben in den zwei Wochen, die er durch Westafrika getingelt war, machte ihre Frustration nur größer. Dass sie überdies nicht anders konnte, als den Blick immer wieder zu seinen dummen, unverständigen Lippen wandern zu lassen, die, leicht geschürzt, Teil eines durchaus attraktiven Streit-Gesichts waren, machte sie vollends fuchsig.

»Was darf es sein?«

Fragte die Verkäuferin in einem Versuch, ihrer schlecht bezahlten Aushilfstätigkeit gerecht zu werden.

»Haben Sie Aprikosen?«

Gab der Angesprochene zurück, ohne die Augen von seiner Begleitung abzuwenden. Ihm dämmerte, dass sie womöglich Recht hatte. Doch zwischen dieser Erkenntnis und dem Einräumen eines Irrtums lag eine Kluft, breiter als das Flussdelta, das die Demokratische Republik Kongo und Angola bei Boma trennte, wo er sich an einer Portion Chikwangues derart den Magen verdorben hatte, dass er die Toilette des Hostels für über eine Stunde in Beschlag hatte nehmen müssen – sehr zum Unmut einer Gruppe Holländer mit ähnlich gelagertem Problem.

»Aprikosen? Meinen Sie … Kuchen? Teilchen?«

Unmütiges Knurren entfuhr einem Mann am Ende der Schlange, dessen Rollkoffer einen Hinweis auf seine Zeitnot gab. Eine knappe Viertelstunde noch zum Bahnhof, zwanzig

Minuten, bis sein Zug fuhr, und alles, was er wollte, war eine Zimtschnecke. Nur wenige Armlängen entfernt, doch beim aktuellen Gesprächsverlauf unerreichbar wie rettendes Porzellan hinter einer mit Stickern versehenen Pressspantüre.

»Nein, Aprikosen. Die getrockneten. Hatten Sie die nicht mal, bei den Snacks?«

»Es ist ja auch nicht das Deutschland, nur weil die Schweiz nebenan liegt.«

»Wir haben Dosenaprikosen, aber die ...«

»Brauchen Sie noch lange? Wir brauchen nur drei Kaiserbrötchen!«

»Nein, Snackaprikosen, die weichen.«

»Und auch nicht das Österreich, oder? Und wenn Aprikosen, dann die gedörrten, die weichen mag ich nicht.«

Er konnte nicht anders, als die erhöhte Stimmlage zu bemerken – süß und hüpfend wie ein Quarkbällchen am Hang.

»Also, ich kann Ihnen ein paar Dosenaprikosen geben, aber wenn Sie sich entscheiden könnten ... geht das zusammen mit der Cola?«

»Ja«, fauchte sie.

»Nein«, ätzte er.

Der ganze Raum schnaubte. Erlernte norddeutsche Höflichkeit ließ keine stärkere Reaktion aus dem Überdruckventil der passiven Aggression zu, doch im Rahmen dieser Konvention hätte der angelaufene Hass nicht stärker artikuliert werden können.

»Vielleicht sollte es das Österreich heißen. Es heißt ja auch das Reich, oder?«

Sie verzog den Mund. Eine Geste des Unmutes, aber auch eine, die dafür sorgte, dass sich feine Grübchen in ihren Wangen bildeten, in denen er gedanklich ins Stolpern geriet.

»Der Name leitet sich allerdings von ›richi‹ ab, das kann man nicht mit Reich übersetzen, das heißt einfach, dass eine Region direkt einem Herrscher untersteht.«

Eine Wespe verging in elektrischer Hitze, während der ganze Raum entgeistert die Verkäuferin anstarrte.

»Was? Ich studiere Linguistik. Das hier mache ich nur nebenher.«

Der Mann vor dem Tresen wandte sich nun erstmals ganz der Bedienung zu. Im Profil konnte die Frau mit der Colaflasche erkennen, wie schön seine Haare federten, wie klar sein Kiefer konturiert war, wie perfekt der Rahmen der schmalen Brille Augen- und Nasenpartie in Szene setzte.

»Die Cola bitte, eine Dose Aprikosen und sechs Käsebrötchen. Und ich brauche eine Quittung, ja?«

Papier knisterte, als die Semmeln in einer Tüte verschwanden; die erleichterte Stille im Raum kam einem dankbaren Applaus am Ende einer unangemessen langen Schultheateraufführung gleich. Mann und Frau schwiegen. Die Namensschilder mit dem Logo der Hochschultagung hingen schief an Brusttasche und Blusenaufschlag, die Blicke verloren an Brotlaiben, Ofenklappen und dem Kaffeevollautomaten. Schein und Tüte tauschten Hände, eine Konservendose wanderte Beteiligten in die Stofftasche der Frau. Sein Blick verharrte kurz auf den saftigen Halbkugeln auf dem Etikett, weich und glatt. Er schluckte und mied ihren Blick – wie sie seinen, während sie den festen Rillen der Dose in der Tasche nachspürte, waschbretthart und fest im Griff. Schweigend verließen beide die Bäckerei. Schweigend gingen sie in Richtung der geisteswissenschaftlichen Fakultät.

Dann fasste sie sich ein Herz.

»Ich glaube, die Brötchen taugen nichts. Das Gelb von dem Käse ...«

»Gelb? Das war Cheddar! Cheddar ist Orange.«

»Das war kein Cheddar, das war Edamer, und Edamer sollte Gelb sein. Nicht Dunkelgelb, was übrigens nicht das gleiche ist wie Orange!«

Sie blieben stehen. Sie sahen sich an, lang und wütend und tief und verwirrt. Die Spannung war dick wie die billige Remoulade zwischen den Weizenbacklingshälften in seinen Händen. Blicke unter gerunzelten Augenbrauen trafen sich, wanderten zwischen Stirnfalten und schmalen Lippen hin und her.

Und zwei Straßen weiter warteten vier Fachkräfte für frühneuzeitliche osteuropäische Hagiographie vergeblich auf ihr Mittagessen.

Schreibimpuls · Schreibe eine Liebesgeschichte, die (ausführlich) damit beginnt, dass sich die zwei (später liebenden) Personen in einer Bäckerei lautstark streiten. Eine wesentliche Rolle in deiner Geschichte müssen getrocknete Aprikosen (die weichen), die Farbe Gelb sowie das Land Gabun spielen.

Bei Nacht

1
Scharf und plötzlich.

Er fuhr hoch, der Traum in seinem Kopf zerstob. Wenn es nur der Klang gewesen wäre. Dann hätte er es vielleicht überhören können, einfach weiterschlafen, müde genug war er. Ständig überhörte er Geräusche: Das Ticken der Uhr in der Küche, das ihm schon lange nicht mehr auffiel. Die Einzelheiten des Gemurmels der Menschen auf der Straße, die Stimmen im Fernseher, wenn er seine Augen fest auf sein Telefon statt auf die Boulevard-Show gerichtet hatte, die eben lief. Den Wecker, ab und zu.

Aber auch die Haut in seinem Nacken hörte, dass da etwas geschah. Die Haare auf seinem Unterarm. Seine Augen zuckten in Richtung des Kopfendes, auch sie hatten etwas wahrgenommen, und aus seiner Mitte heraus schlug eine hell pulsierende Kugel Alarm in Brust und Kehle.

Ein Schlag, wo kein Schlag sein sollte, kurz und hart, ein Knacken. Ein kurzer, metallener Nachhall. Vor dem Fenster des Wohnzimmers. Nur einen Flur, zwei dünne Türen, beide bloß angelehnt, acht lange Schritte vielleicht, durch beide hindurch.

Er spürte, wie sich sein ganzer Körper anspannte. Als hätten seine Fußsohlen, Waden, hätten seine Hüften gewusst, dass etwas geschehen würde, und sich schon einmal abgestimmt. Ohne sein Zutun, ohne Anweisung rissen seine Hände die Bettdecke beiseite. Lasst das. Ich will zurück. Wohin? In den Schutz von ein paar Zentimetern Daunen und Stoff? Krieg dich ein. Komm klar.

Nie war ihm seine Schlafkluft aus Shorts und Shirt armseliger vorgekommen.

Als sei es je eine Option gewesen, in schützender Kleidung ins Bett zu kriechen.

Raff dich. Es ist nichts. Du musst gegen niemanden kämpfen, vor niemandem weglaufen. Hast du grade eben wirklich nach einer Waffe geguckt? Was würdest du damit machen? Dachte ich doch. Peinlich? Nein, peinlich ist es nicht, sieht ja niemand. Nimm eben die Kurzhantelstange. Wenn du dich dann besser fühlst. Dünne Finger an dünnen Hände an dünnen Armen umschlossen den kalten Metallzylinder.

Mit der freien Linken schob er die erste Türe auf. Wie leicht es ging. Seine nackten Füße streiften über den Teppichboden des Schlafzimmers, dann setzte er, die Ballen zuerst, Schritt für Schritt aufs Laminat der Dielen. Das Geräusch nackter Haut, die sich schwitzig-klebrig vom Untergrund löste, wenn er ein Bein anhob, um voranzuschleichen. War dieser Gang uraltes Relikt oder verzweifelte Kopie? Der Außenrist berührte zuerst den Boden, dann nahm der Fuß nach und nach das Gewicht auf. Kein Knirschen. Doch das Singen der Sehnen in seinen müden, dünnen Beinen – das konnte nicht zu überhören sein. Der Schweiß stand ihm auf der Stirn, juckte in seiner Handfläche, die die Metallstange am glatten, kalten Ende umfasste, das normalerweise schmale Eisenscheiben aufnahm. Zehn Pfund, zwanzig Pfund. Wenn überhaupt.

Mit seinem verlängerten Arm schob er die Tür zum Wohnzimmer auf. Das wenige Licht, das die flatternden Vorhänge einfingen, das sich an der Decke brach, stammte aus Pfützen unten auf der Straße, die die Strahlen der Laternen zu ihm hinaufwarfen. Niemand hier. Nicht im kleinen Raum, nicht auf der Feuertreppe vor den Schiebefenstern. Er atmete einmal durch, so tief es ging. Ein schweres, enges Band lag um seine Rippen und machte aus seinem Brustkorb einen schweren, engen Ort. Dann macht er einen Satz auf das Fenster zu und keuchte dabei unwillkürlich.

Erst sah er nichts. Dann war da eine Kontur. Unten, am Straßenrand, direkt am Fuß seines Gebäudes, gleich unter seinem Fenster. Eine gekrümmte Gestalt, im Dunkeln zwischen zwei Laternenlichtkegeln nicht näher zu erkennen. Helle, nackte Haut an Beinen und Armen. Dürre Glieder.

Ein Mann, zerschlagen von einem Sturz aus großer Höhe.

Eins

Verfluchte Pantoffeln – du wärst ohne besser dran gewesen.

Nicht nur rutschten seine Füße im weichen Innenfutter der billigen Hausschuhe hin und her, die harten Plastiksohlen fanden auf der von Millionen Schritten rundgeschliffenen Treppe keinen Halt. Mehrfach drohte er, zu stolpern oder einen der Treter zu verlieren, bis er auf der obersten Stufe anlangte und sich langsam und vorsichtig auf die Tür zum Dach zuschob. Knarzen und Knacken, als sei er in keinem Haus, sondern im Inneren eine alten hohlen Eiche, die sich im Sturm bog. Sein ganzer Körper bebte vor Anspannung. Das schwere Metall in der einen Hand hob sich über Kopfhöhe, bereit, herabzufahren. Er hatte noch nie irgendwen geschlagen. Wie sich das wohl anfühlte? Konnte er das? Klar kannst du. Wenn du musst. Das machst du dann von selbst. Zitternd streckte er die andere Hand aus, sie berührte die Plastikklinke der Metalltür.

Als die Nachtluft ihm entgegenschlug, entfuhr ihm ein gequältes Wimmern. Durch eng aufeinandergepresste Zähne sog er den Atem ein, flatternd, hastig. Mit einem Satz stand er auf den Teerplatten des Flachdachs. Sie waren noch warm von der Sonne des vergangenen Tages. Warm? Er bemerkte kaum, dass er barfuß dastand, die lästigen Pantoffeln waren hinter der Türschwelle zurückgeblieben. Konzentrier' dich. Sein Blick ging ringsum – ist da jemand? Hab ich nicht ganz bestimmt jemanden gehört? Er zwang sich, ruhiger zu atmen, durch die Nase, als er sich umwandte und nun auch den Bereich hinter dem kleinen Aufbau in den Blick nahm, aus dem er eben getreten war, die Verlängerung des Treppenhauses, die aufs Dach führte.

Nichts.

Er ließ die Metallstange sinken, seine Schulter schmerzte von der ungewohnten Haltung. Da – da war es wieder. Ein Knirschen, ein Knarzen, das Protestieren rostiger Schrauben, die einer plötzlichen Belastung standhalten sollen. Er fuhr herum – die Feuertreppe! Direkt über seiner Wohnung war der Einstieg, sie führte an einem seiner Fenster vorbei bis zum ersten Stock des Hauses, wo eine hochgezogene Leiter nur darauf wartete, die letzten Meter bis zur schwach erleuchteten Gasse zu überbrücken. Von dort war das Geräusch gekommen, vom obersten Absatz, er war ganz sicher.

Wieder hob er die Stange. Und setzte einen Fuß vor den andern, trittsicher nun, entschlossen. Adrenalin rauschte hinter seinen Ohren, ein Flirren, ein Singen. Ganz ruhig ging er vor bis zur Kante des Daches. Als er tief Luft holte, sich beide Nasenflügen blähten, war er sicher, dass das leise Pfeifen bis in jedes Schlafzimmer der Stadt zu hören sein musste. Jetzt oder nie – er nahm den letzten Schritt. Beugte sich weit vor, um den obersten Absatz der Treppe seitlich einsehen zu können, hob die Stange, bereit, zuzuschlagen.

Niemand.

Da stand niemand. Unten lag niemand. Er war ganz sicher gewesen – da, unter seinem Fenster, da war einer gewesen, er hatte es doch gesehen! Hatte doch die Schritte auf dem Dach gehört, den schweren Atem, dann das Keuchen, den Aufschlag.

Verwirrt begann er, sich abzuwenden, als sein linker Fuß, auf dem für einen Moment alles Gewicht ruhte, scharf über einen herausstehenden Nagel fuhr. Der Schmerz ließ ihn zucken, sein Knie gab nach. Rudernd versuchte er, sein
Gleichgewicht wiederzufinden. Die Metallstange aus seiner Hand flog hoch in die Luft. Ein Ziehen tief in seinem Magen setzte ein.
In seiner Brust. Alles in ihm war Reißen.
Die geisterhaften Reflexionen des wirbelnden Eisens über ihm nahmen seinen Blick gefangen. Es fällt. Warum kommt es nicht näher?
Die Welt verschwamm.

Schreibimpuls · Schreibe einen Text, der aus zwei Hälften besteht, die in beliebiger Reihenfolge gelesen werden können.

Drei Sünden

I. Lob der Trägheit

Die alten Meister weisen uns den Weg
Zu aller Träume völligem Vollzug
Wer früh sich bettet, früh sich wieder regt,
Wird bald erfolgreich, angeseh'n und klug

Es ist der Ehrgeiz, der dir Segel setzt,
Mit denen du die tiefe See durchkreuzt!
Er trägt dich weiter, wenn du Federn lässt,
Und nährt, wo du durch weite Wüsten läufst

Wer träge ist, wer keinen Antrieb kennt,
Verweilt im Bett und legt die Füße hoch
Wo anderer in Alltags Laufrad rennt
Genießt er weicher Daunen Süße noch

Macht da halt auch nicht allzu viel verkehrt …
Warum wird das bei Meisters nicht gelehrt?

II. Lob der Eitelkeit

Die großen Weisen zeigen es uns auf:
Sei stets bescheiden, halte dich bedeckt
Steht dir nach stolzer Prahlerei der Sinn
Ist's besser, wenn du diesen Trieb versteckst

Lehn Komplimente ohne Zögern ab
Berufe dich auf Zufall oder Glück
»Ach dieses Ding, das ich geleistet hab?
Ein nicht erwähnenswertes Durchschnittsstück ...«

Verzichte demütig auf solchen Lohn
Macht Mangel dran auch mit der Zeit verzagt
Ein wenig Eitelkeit bringt eben schon
Bestätigung, wo sie dir sonst versagt

Ah, fuck it. Wirk' bescheiden auf Distanz
Doch sammle Lob, sooft du's kriegen kannst.

III. Lob der Ängstlichkeit

Die hochgelehrten Ahnen sagten stets:
Nur wer sich frisch ein Herz fasst, kann besteh'n
Mit Mut, als festen Harnisch angelegt,
Gefahren trotzig in die Augen seh'n

Voran, voran, wenn auch die Brust dir springt,
Geradezu in jede hohle Kluft!
Belohnt wird, wer die eig'ne Furcht bezwingt
Als Antwort, wenn ein Wagnis drohend ruft

Nicht immer glückt es freilich, Schwund ereilt
So manchen, wie auch Schaden, Schmerz und Tod
Dies Schicksal bleibt ganz ohne Frage ungeteilt
Von dem, der statt der Stirn die Fersen bot

Legst du dir Panzer oder Laufschuh an?
Gesegnet ist, wer's unterscheiden kann

Schreibimpuls · Schreibe einen Text, in dem du deinen schlechten Eigenschaften etwas Positives abgewinnst.

Man muss auch mal das Potenzial erkennen

Für flüchtige Ohren klang es im Raum nach konzentrierter Stille. Doch damit war das Maß an hörbarem Fokus noch nicht ausreichend beschrieben. Dem Kratzen harter, dem samtigen Reiben weicher Bleistifte war die Sorgfalt der sie führenden Finger anzumerken wie dem fehlenden Volumen einer Teenagerstimme die Nervosität beim ersten Date. Handkanten strichen die Graphitspuren zu breiten Schraffuren, Besen auf Snare Drums, und nur ganz selten mischte sich ein konturloses kehliges Brummen zur Klangfassade, begleitet vom Reiben eines weichen Faber Castell-Radiergummis auf dem groben Untergrund eines Zeichenblocks.

Wo die Blickrichtungen der elf im Halbkreis sitzenden Anwesenden, als Linien im Raum gezogen, einander kreuzten, stand ein Hocker, der an sich niemanden überraschen konnte – ein solcher Hocker gehörte als Requisit zum Zeichenkurs einfach dazu. Bemerkenswert war, was darauf stand, von elf Paar Augen aus elf Perspektiven genau taxiert: eine Vase, originell geformt, mit komplizierten, die Linien des Objektes konterkarierenden Mustern überzogen. Sie, die da so geduldig Modell stand, warf seit beinahe zwei Stunden Bleistiftschatten auf A3, und sah nun langsam aus, als täte ihr eine Pause oder, besser noch, das Ende der Übung gut; womöglich handelte es sich bei dieser Wahrnehmung jedoch lediglich um eine Projektion der Wünsche der zunehmend ermatteten Zeichnenden.

Der Leiter des Kurses, der seit Beginn der Sitzung mal hier, mal da über eine Schulter gelugt, das Entstehende aber unkommentiert gelassen hatte, war Teil der Ausstattung des Zeichenraumes wie besagter Hocker auch. Frisur, Nasenform, Outfit, Gesichtsausdruck – alles stimmte. Zeichenkurslehrer wurden, dieser Eindruck musste entstehen, in der gleichen Manufaktur hergestellt wie das Mobiliar, aus gutem Holz gedrechselt, handbemalt, in Luftpolsterfolie und Styropor verpackt, an die Volkshochschulen der Republik geliefert und nach Überprüfung des Echtheitssiegels, diskret am linken Schuhabsatz verklebt, an ausgewählten Mittwochabenden zum Einsatz gebracht. Der Schal war optional, wurde aber im Grunde immer zugebucht.

»So, meine Lieben«, summte er, die gedämpfte Klangkulisse wie einen Teppich langsam, aber zielstrebig aufrollend, auf dass sie unbeschadet ihren Weg zurück in den Schrank finde, »kommt bitte zum Ende, ich kann es kaum erwarten, eure Werke zu sehen.«

Elf Menschen brachten elf Bilder nach elf verschiedenen Arbeitsphilosophien zum Abschluss. Schnelle letzte Linien hier, winzige Details dort, ein Behauchen und Radieren und Verreiben, ein Abstandnehmen, ein Kopfschiefhalten. Schließlich bauten alle ihre billigen Staffeleien auf und stellten die Blöcke darauf ab, die die letzten Stunden auf ihren Knien und Tischen geruht hatten, sodass ein Spiegelkabinett entstand, das schwarz-weiße Reflexionen der Vase aus elf Richtungen zeigte.

Mit dem bedächtigen Gang, den Zeichenkursleiter im Grundkurs Zeichenkursleiten lernten, schritt der Zeichenkursleiter den Zeichenkurs ab. »Hmm«, sagte er dabei, oder »Oh«, manchmal »Aha« oder »Soso«, wenn ihn die Emotion ganz mitriss. Manche Bilder schrien nach Tiefe, andere nach Details, manche waren aufwandsasymmetrisch, wie es bei unerfahrenen Skizzierenden so oft geschah. Er kommunizierte all das mit dem Zucken eines Lides, dem fahrigen Berühren der Unterlippe mit dem Daumen. Ein Schnauben: Anerkennung, Verblüffung gar? Die Deutung blieb, was die Nuancen anging, den nervös Wartenden überlassen.

Beim zehnten Bild schließlich blieb er stehen. »Soso«, brach es noch einmal aus ihm heraus. Ein sichtliches Ringen um Contenance folgte, eine detaillierte Besprechung des Geschaffenen sollte sich eigentlich erst anschließen. Dann gab es jedoch kein Halten mehr.

»Haben Sie die Aufgabe nicht verstanden, Frau Sandu?«

An dieser Stelle muss der Fragende in Schutz genommen werden gegen den Vorwurf, unsensibel, ja: ablehnend ob der Herkunft der Angeredeten und ergo möglicher sprachlicher Defizite zu sein. Zwar stammte die Familie von Marina Sandu aus Rumänien, doch beherrschte die Frau das Deutsche so perfekt wie alle anderen hier. Auch lag es dem Instrukteur fern, sie ihres Geschlechts wegen für vermindert verständig zu halten – fast alle Teilnehmenden hätten sonst seine Geringschätzung zu spüren bekommen müssen. Nicht argwöhnisch, höhnisch, paternalistisch gar war der Einwurf zu deuten.

Es war vielmehr so, dass auf dem Block von Marina Sandu keine Vase zu sehen war.

»Ja, ich denke doch«, sagte sie.

»Aber, mit Verlaub«, antwortete er, auf eine Sprachformel zurückgreifend, die von Höflichkeit alter Schule kündete, um das nun Folgende möglichst zu entschärfen, »dann müsste da doch eine Vase sein, oder nicht?«

Marina Sandu lehnte sich leicht nach vorne, um das Bild, das sie gezeichnet hatte und neben dem sie nun stand, besser sehen zu können.

»Da ist was dran«, antwortete sie dann. »Aber wissen Sie, wir sollten ja zeichnen, was wir sehen, nicht wahr?«

»Ja, exakt, so hatte ich mir das gedacht«, gab der Maestro in einem Ton zurück, der nun doch von sich anbahnender Geringschätzung nicht ganz frei war – etwas zu langsam, etwas zu stark betont. »Und da haben Sie nicht etwa die

Form, die Farbe, die Schatten gesehen? Beispielsweise hier, wo man ganz deutlich sieht, wie ...«

»Doch, das kann ich schon alles erkennen!«, unterbrach sie ihn. »Nur, wenn ich eine Vase sehe, dann sehe ich, was da noch ... fehlt. Eine Vase, die ist ja da, um etwas festzuhalten, etwas auszustellen, nicht? Und daran habe ich dann gedacht. Und diese Vase ist, nun, leer. Also ist das, was sie eigentlich erst zur Vase macht und nicht etwa zu einer Karaffe, anderswo. Das habe ich dann gesehen. Diesen Ort, diese Sache. Ganz deutlich. Sehen Sie?«

Inzwischen hatten sich alle Anwesenden von ihren Plätzen gelöst und standen als Traube um die Fichtenholzstaffelei von Marina Sandu herum. Es war ein diffuser Moment, in dem noch niemand wusste, was es hier zu erleben gab: einen Akt der Rebellion? Eine Ausrede, mit der das Ausfertigen einer ungeliebten Aufgabe vermieden wurde? Einen Moment künstlerischer Emanzipation, einen Versuch, sich als Klassenprima zu etablieren? Vom Parkplatz aus durch die großzügigen Fenster betrachtet hätte die Szene einen famosen Rembrandt abgegeben: Zeichenkurs am Scheideweg.

Der Kursleiter nahm ihnen die Deutung ab. »Aha. Nun. In der Schule hätte man wohl gesagt: Thema verfehlt«, sagte er spröde. »Zwar ist ihnen das hier«, er fuchtelte vage in Richtung der oberen rechten Ecke des Blockes, »recht gut gelungen, und es steckt viel Lebendigkeit im Mittelgrund, aber wenn Sie nicht lernen, das Gesehene genau zu übertragen, werden Sie nie den nächsten Schritt gehen können.« Das Murmeln der Umstehenden kündete davon, dass sie froh waren, als pflichtschuldig und nicht etwa uninspiriert aus der Übung hervorzugehen. Die Spannung wich, sehr zu Ungunsten der szenischen Qualität.

»Den nächsten Schritt, ja?«, fragte Marina Sandu, und ein Kratzen hatte sich in ihre Stimme geschlichen, als male eine unsichtbare Hand mit einem 3H-Griffel die Serifen ihrer Worte nach.

»Dann mache ich den mal besser.«

Und sie nahm sich ihren Block, nickte höflich in die Runde, und entschwand in den noch jungen Abend.

(Es mag eine Täuschung sein – doch die Vase wirkte sehr gerührt.)

Schreibimpuls · Schreibe einen Text ohne objektive Beschreibungen von Äußerlichkeiten.

Ein Topf voll Gold

Plötzlich geriet sie ins Rutschen.

Das Profil ihres Stiefels hatte in den letzten beiden Stunden so viel Erde aufgenommen, dass die tiefen Gummirillen keinen Halt mehr boten – schon gar nicht, wenn sie auf glatten Stein gesetzt wurden, regenfeucht und rund geschliffen.

Linn stieß einen überraschten Schrei aus, als sie den Anstieg hinabglitt, ruderte mit den Händen und stürzte nach vorne. Ihr Knie prallte auf den Stein, doch ehe sie der Länge nach hinschlagen und sich schlimmer verletzen konnte, wurde sie herumgewirbelt.

Der Arm ihrer Mutter lag um ihre Hüfte. Linn wirbelte herum, vollführte einen Halbkreis, dicht an den vertrauten Körper gedrückt. Ihre Beine pendelten wie zwei Probier-Spaghetti an der Gabel über dem heißen Topf. Erst jetzt merkte sie, dass sie die Luft angehalten hatte. Ihr Gesicht war dem der Mutter ganz nah, sie spürte ihre Wärme. Vier weit aufgerissene Augen. Dann atmete Linn aus und konnte nicht anders, als dabei aufzulachen. Ihr Knie pochte, aber das machte ihr nichts. Ein paar Dellen gehören zu jedem guten Geländewagen, hatte sie mal gehört. Ihre Mutter lachte nicht, zunächst zumindest. Erst nach einigen Augenblicken fiel die Spannung von ihr ab; sie setzte ihr Mädchen zu Boden, alle 23.6 Kilogramm, und lächelte widerwillig.

Da war noch Reststrenge in ihrer Miene, eine Predigt über Umsicht und die Gefahren des Aufstiegs, allein: Das Publikum war nicht interessiert. Linn wandte sich um und kraxelte schon wieder den kleinen Abhang hinauf, diesmal am steileren, aber weniger felsigen Rand. Wurzeln ragten aus dem Waldboden, sie hielt sich an ihnen fest, drückte die Füße gegen die Wand, schob sich so nach oben.

»Schau Mama, hier geht's leicht«, sagte sie und sah zurück. Die dunklen Haare rahmten ihr gerötetes, triumphierendes Gesicht, sodass es aussah, als stünde sie direkt vor einer einzelnen drohenden Gewitterwolke. Die graue Fleecejacke starrte vor Dreck, ebenso wie die grüne Hose, in der die dünnen Beine der Achtjährigen steckten.

»Kommst du?«

Damit verschwand das Kind aus dem Sichtfeld. Kurz blickte Melisa ihr nach, so plötzlich war sie wieder losgeflitzt, dann schnaufte sie kurz und hörbar durch. Eine einzelne Kopfbewegung, ein angedeutetes Kopfschütteln, lächelnd.

»Ja, ich komme«, sagte sie dann, ganz zu sich selbst.

Sie stapften weiter durch den Wald, Linn erst voranstürmend, nur um dann ungeduldig warten zu müssen, während ihre Mutter in gleichmäßigem Tempo Baum für Baum hinter sich ließ. Melisa hatte die Karte, hatte den Plan im Kopf, die Ausflüge der zierlichen Vorhut beschränkten sich zwangsläufig mehr oder weniger auf den Sichtradius des gemächlicheren Teils des Trosses.

»Kann ich noch mal sehen?«

»Natürlich! Ich denke, wir müssten ungefähr hier sein. Das da vorne ist dann der Führinger Hochweg, der zur Zweischneidhütte führt, das siehst du an den gelben Rauten an den Bäumen. Und hier, schau, da ist der gelbe Weg auf der Karte.«

Linn runzelte konzentriert die Stirn, während ihr Blick von der Umgebung zu dem Papierbogen in der Hand ihrer Mutter wanderte. Ihr kam das alles abstrakt und rätselhaft vor, auch wenn sie sich das mit dem Kartenlesen schon hatte zeigen lassen. Trotzdem fiel es ihr schwer, die Verbindungen zu ziehen.

»Und da mündet dieses Waldstück in die Schlucht. Da treffen sich zwei Linien. Siehst du? Das ist das X. X markiert den Punkt.«

Linn starrte angestrengt auf die Karte. Linien, dicke und dünne, durchgezogene, gestrichelte, schwarze und bunte. Zwei kräftige dunkle Striche liefen zusammen. Ein X? Vielleicht. Hoffentlich.

»Okay, weiter!«, verkündete sie und flitzte los.

Melisa sah ihr nach. Die klobigen Wanderschuhe wirkten unproportional an den schmalen Beinen ihrer Tochter, sie warf sie wild von sich beim Rennen, als wollte sie mit jedem Schritt testen, ob die Schnürsenken auch feste saßen. Die Mutter setzte sich in Bewegung, in der einen Hand die halb zusammengefaltete Karte. Die andere steckte in der Tasche ihrer Weste und umschloss mit von der frischen Waldluft kalten Fingern ein feines Objekt, fuhre seine Konturen nach. Dann brauchte Melisa ihre Hand wieder. Es ging in eine kleine Senke hinein, auf dem dicht mit Laub bedeckten Boden musste sie vorsichtig sein, nicht selbst das Gleichgewicht zu verlieren.

Es mochte seltsam erscheinen angesichts des Altersunterschiedes, der verschiedenen Perspektiven auf die beiden, doch Linn erinnerte Melisa mehr und mehr an Nadia, ihre Großmutter. Melisa war ein Teenager gewesen, als Nadia starb, da war Babuschka (die dem Kind wohl viel älter vorkam, als sie mit ihren 61 Jahren gewesen war) schon lange nicht mehr nach Toben zumute. Der Krebs, dem sie so lange die Stirn geboten hatte, machte sie müde und schwach – aber in den besten Momenten, vor allem früh in Melisas Kindheit, hatte sie etwas Unerschrockenes an sich gehabt, eine stille Selbstsicherheit, die sich nicht darin zeigte, dass sie Raum beanspruchte, ihren Willen durchsetzte. Vielmehr darin, dass dieser Wille allen anderen stets unbewusste Leitschnur war, dass nichts getan, gesagt, entschieden wurde, das ihr gegen den Strich gehen könnte. Nadia hatte das gleiche wüste dunkle Haar gehabt, die gleiche schmale Nase wie

Linn. Nadia hätte, da war Melisa sicher, ein aufgeschürftes Knie nie als Grund akzeptiert, mehr als ein paar Sekunden ihren Schritt zu verlangsamen.

»Ist das die Schlucht?«, rief Linn. Sie war auf den dicken Stamm einer gefällten Buche geklettert und stemmte eine Faust in die Hüfte, während die andere ihre Augen abschirmte. Nicht, dass die Sonne tief stand oder auch nur in Blickrichtung – so ging das einfach, wenn man etwas in der Ferne entdecken wollte. Melisa schloss zu ihrer Tochter auf und spähte dorthin, wo deren Entdeckerblick ruhte: Zwei hohe, dunkle Felsen rahmten den Weg, der Durchlass vielleicht zehn Meter breit; das Gelände fiel ab und verjüngte sich, bis, laut Karte und erster Anschauung eine Gasse entstand, durch die man bis zum Aussichtspunkt oberhalb des Wilhelmturmes absteigen konnte. »Ja, sieht so aus«, bestätigte sie. »Da, wo sie am engsten wird, müssen wir suchen!«

Pro forma hob sie die Karte, um den Gedankengang darauf nachzuvollziehen, doch Linn war längst unterwegs, wie immer mehr an den greifbaren als an abstrakten Dingen interessiert. Melisa stapfte weiter. Mit der Linken prüfte sie noch einmal ihre Tasche – der Inhalt war noch da.

Sie war neun gewesen, etwas älter also als Linn jetzt, als ihre Mutter Irina mit ihr im Garten gearbeitet und sie kurz ins Haus geschickt hatte, um zwei Flaschen Wasser zu holen. Als sie wiederkam, tranken beide in tiefen Zügen, ehe Melisa sich wieder ans Werk machte und die mittelgroßen Steine aus dem Erdreich fischte, die den Acker daran hinderten, ein Beet zu sein. Plötzlich berührten ihre Finger etwas Scharfkantiges, Kaltes. Kein Stein. Eine Scherbe vielleicht, ein abgebrochenes Werkzeug? Sie schob die Erde beiseite und umfasste das Ding. Und dann sah sie sie mit neugiergroßen Augen; eine metallene Brosche, oval und schön, mit

Perlmutteinlassungen, die den Rand säumten, mit einem feinen floralen Muster, das, als sie mit einem speichelfeuchten Daumen darüberfuhr, mehr und mehr zu Tage trat.

»Mama!«, rief sie, »Schau mal!«

Irina kam zu ihr herüber und wischte sich die Hände an der Hose ab. »Was ist das?«, fragte sie. »Ein Schatz! Ich habe einen Schatz gefunden!«

Ihre Mutter lächelte. »Ja, das hast du wirklich. Das bringt Glück, weißt du? Wenn man so etwas findet? Das musst du gut aufbewahren!«

Erst viele Jahre danach hatte Melisa die Brosche auf einem alten Foto der Großmutter entdeckt. Sie trug das Schmuckstück zu einem strengen, schlichten Kleid, sie war auf dem Bild vielleicht dreißig Jahre alt.

Und noch später fand sie sie auf dem Hochzeitsfoto ihrer Mutter, halb unter dem Aufschlag am Kragen des Kleides verborgen.

Die Wände der Schlucht ragten zu beiden Seiten hoch über ihnen auf, als Linn von einer natürlichen steinernen Stufe auf das lose Geröll hinunterstieg und sich umsah. »Da vorne ist der Ausgang, oder? Dann müsste ja hier die schmalste Stelle sein. Kann ich nochmal auf die Karte schauen?« Melisa faltete den Plan auf, hockte sich hin und breitete das Papier auf ihren Knien aus. Die dunklen Striche trafen sich, dann endete der Korridor. »Hier muss es sein«, sagte das Mädchen und legte einen Zeigefinger an ihr Kinn, wie sie es immer tat, wenn sie verdeutlichen wollte, dass sie etwas ganz genau erwogen hatte. »Hier müssen wir suchen!«

»Einverstanden!«, gab Melisa zurück. Sie steckte die Karte, wieder eingeklappt, in die Gesäßtasche ihrer Wanderhose, während Linn schon die Wände abtastete, nach Vertiefungen und Löchern suchte. Ihre Mutter beugte sich zum Boden hinunter, im Rücken des Kindes. Mit der Linken prüfte sie den Spalt zwischen zwei steinernen Platten, dann richtete sie sich auf und machte sich daran, das Buschwerk, das den Rand des Ganges säumte, zu erforschen.

Es dauerte ungefähr zehn Minuten. Wer Linn nicht kannte, hätte angefangen, sich Sorgen zu machen, dass die Achtjährige das Interesse verlor. Wer sie kannte, wusste es besser. Melisa war den Weg noch einmal ein wenig zurückgelaufen, hatte hinter größere Felsen gespäht, die Wände hinaufgesehen, und die Verjüngung der Schlucht so ganz ihrer Tochter überlassen. Sie hörte sie erst überrascht keuchen, dann sprach Linn kurz und unverständlich mit sich selbst. Und dann: »Mama! Maaama!«

Melisa lief wieder die Schlucht hinab, schnell war Linn in Sicht. Sie hockte am Boden, die Brosche mit beiden Händen greifend, vorsichtig, andächtig. »Schau! Ich hab den Schatz!«

Mutter und Tochter saßen nun nebeneinander, das Kleinod ging von Hand zu Hand. Linn drehte sie hin und her, wischte mit dem Ärmel den Schmutz von der Brosche – viel war es nicht, dafür, dass das Schmuckstück hier jahrelang gelegen haben sollte. Linn wunderte sich darüber nicht, viel zu gefesselt war sie von der Form, dem Glanz, dem Geheimnis des Fundes. Melisa sah sie an und lächelte. »Das bringt Glück, weißt du? Wenn man so etwas findet? Das musst du gut aufbewahren!«, sagte sie. Linn nickte nur, ohne den Blick zu heben. »Wir müssen auch mal weiter, es wird kalt, oder?«, sagte ihre Mutter dann. »Magst du den Schatz tragen? Oder soll ich?« Linn erwog ihre Optionen. Dann gab sie die Brosche weiter. »Meine Taschen sind zu klein. Aber zuhause kriege ich sie wieder, ja? Ich mach sie in meine Kiste!« Melisa nickte.

Es wurde tatsächlich kühl, es tat gut, wieder in Bewegung zu sein. Kurz nach der Fundstelle öffnete sich der Felsspalt abrupt, sie traten aus ihm heraus auf einen laubbedeckten Hang, von dem aus sie den Spazierweg unter sich wieder sehen konnten. Konzentriert und sich mit den Händen abstützend legten sie die letzten Meter dorthin zurück. Vom Fuß des Berges aus, der nun nicht mehr weit war, würden sie den Bus zurück zum Auto nehmen, in einer guten Stunde wären sie daheim.

»Mama?«

Linn hatte die Hände hinter dem Rücken gefaltet, wie es alte Männer tun, die gemächlich an Schaufenstern vorbeibummeln.

»Ja?«

»Weißt du, was komisch ist? Diese Schlucht, das war ja eigentlich gar kein X, oder? Eher ein Y vielleicht. Ich würde sagen, es war ein V. Ja. Ein V. Aber der Schatz sollte ja bei einem X liegen?«

Melisa lächelte kurz, dann machte sie ein ernstes Gesicht, als sie sich im Gehen ihrer Tochter zuwandte. »Ja, komisch. Umso besser, dass wir trotzdem an der richtigen Stelle waren, oder?«

Sie schwiegen, das Knirschen der Erde unter ihren Sohlen war alles, das zu hören war.

»Aber ich finde, das ist auch nicht so wichtig, oder? Es geht ja nicht ums Verstecken. Sondern ums Finden.«

Linn nickte langsam. Den schmalen Mund leicht gekräuselt, eine Augenbraue etwas hochgezogen. Bedächtig, aber bestimmt schritt sie voran.

Schreibimpuls · Mach uns beim Lesen ein X für ein U vor.

Von der klaren Sprache

Ein Satz, welcher sich erst in Entwirrung, in Auflösung nach (einer, zugegeben, gängigen Schulgrammatik entnehmbaren) Regeln, welche leider viel zu oft Herrschaftswissen, der Segregation entlang traditionaler und klassengebundener Grenzen zuwirkend, darstellen, erschließen will, dient, so viel sei (ohne das Terrain des (streng) Subjektiven, den Geschmack, den der, der hier wertet, pflegt und zurecht schätzt, zeugt dieser doch von Stil und Bildung, je ganz (wenn überhaupt) zu verlassen) gesagt, keinerlei Erbauung, nicht im engeren, nicht im weiteren, einem verkopften etwa, Sinne, sondern einzig einer dem Publikum eines solchen Satzes weder in irgendeiner Weise hilfreichen noch für eben dieses genießbaren Selbstdarstellung des den Satz urhebenden Verfassers, welcher, die Wortfolge, die nun gar so wirr, so den Grund des intuitiv Verständlichen verlassend, daherkommt, als reine Fingerübung schreibend, hofft, in der Darbietung der Jonglage von Sentenzen und der Evokation externen Vokabelbestandes soziales Kapital in Form von auf die Lektüre des Satzes, welcher dergestalt sperrig, jeden Lesekomfort störend sich türmt, folgendem Applaus, dabei jedoch allzu oft und, eingedenk der mutwillig verstellten Lesbarkeit auch verdient, einsehen muss, dass eben in der das Leseverständnis unterstützenden, dabei gerade nicht schlicht, sondern in der Reduktion meisterhaft wirkenden Knappheit das wahre Genius des Verfassers von Sätzen liegt, welche das Verfolgen der Gedanken, die das Publikum, das den Text, den der Verfasser, der den Applaus, den er für die Arbeit, die er verrichtet hat verdient zu haben glaubt, ersehnt, niedergeschrieben hat, liest, erreichen sollen erleichtern, dass also nun Verkürzung, Klarheit, Einfachheit, Zugänglichkeit, so sie nicht zu stark (respektive zu schlicht, respektive zu plump, respektive zu wenig den intellektuell reifen Leser abstoßend) daherkommen, eine zu fördernde Qualität darstellen, und wer schließlich also dieses verkennt und solcherlei zwar auf der Ebene der Zähmung und Beherrschung der Orthographie und Satzstellung zwar kunstfertige, doch eingedenk einer vielgestaltig inklusiven Gesellschaft irrgeleitet überkomplexen Sätze zu verfassen sich befleißigt, der ist mit Abzügen von bis zu vier Punkten in der Kategorie »Stil«, der, der Einschub sei erlaubt, womöglich lang- wie kurzfristig charakterbildendsten, damit fördernswertesten aller Teilnoten in der Edukation zum geschriebenen Worte, zu bestrafen, auf dass die Erziehung eine Beschränkung auf das Wesentliche, das die Schülerinnen und Schüler, die der Lehrkraft, die über die Noten, die schließlich im Abschlusszeugnis, welches am Ende des Schuljahres, das nach Inkrafttreten dieses Erlasses, den das Kultusministerium einstimmig abgesegnet hat, beginnt, stehen, entscheidet, anvertraut sind, lernen, unterstütze.

Gez.: Schmitt, OStD

Diesem zeitgemäßen Erlass des Kultusministeriums von Baden-Württemberg aus dem März 2019 ist im Grunde wenig hinzuzufügen. Einzig der Umstand, dass der griffigen Ausführung des Kollegen Schmitt in ihrer Knappheit ein klarer Bezug auf den aktuellen Kernkompetenzenkatalog fehlt, ist durchaus eine Rüge wert. Ansonsten jedoch wird diese Handreichung noch mancher Kollegin und manchem Kollegem im Fach Deutsch ein Leitstern sein: Weniger ist mehr. Und manche Dinge kann man ganz einfach in einem Satz zusammenfassen.

Schreibimpuls · Schreibe einen Text, der es einem zunächst schwer macht, ihn zu mögen.

Der Ameiseneffekt

Viel ist über die rätselhaften Folgen geschrieben worden, den der Flügelschlag des Schmetterlings haben kann: ein Hauch, eine Verwirbelung, eine Verschiebung in der Atmosphäre, die zum Sturm wachsen kann. Schiffe kommen vom Kurs ab, Bäume bersten und stürzen, an Tischtennis ist nicht mehr zu denken. Deutlich weniger Beachtung findet in diesem Zusammenhang hingegen das Stolpern der Ameise. Dass es zu einem solchen kommt, geschweige denn eine vergleichbare Wirkung entfaltet wird, ist selten: Ameisen sind gleichermaßen reich an Beinen, die den gestörten Takt eines einzelnen Gliedmaßes ausgleichen können, und an Zielstrebigkeit. Sie lassen sich nicht lange aufhalten. So rar jedoch dieses Ereignis, so folgenreich ist es auch. Wie an diesem Mittwoch, als Gunnar Pettersson nur eben Kichererbsen kaufen gehen wollte.

»Weiße Riesenbohnen«, dachte Gunnar und war sehr verärgert. Nun mag man annehmen, dass »weiße Riesenbohnen« im Schwedischen ein weithin geläufiger Fluch, ein Ausruf des Widerwillens wäre. Dass mittelalte Männer sich mit dem Hammer im Schuppen auf ihre schwedischen Daumen schlagen, »vita jättebönor« exklamieren und so ihrem Schmerz Luft machen. Man würde irren.

Vielmehr war es so, dass sich Gunnar Pettersson im Supermarktregal vergriffen hatte, als er die Zutaten für ein Curry kaufte, das er ausprobieren wollte, mit Kichererbsen und Huhn, mit Paprika und Kokosmilch, mit Zwiebeln, Knoblauch, Tetra Pak-Tomaten, mit einer Würzpaste, die er sich extra im Internet bestellt hatte (und mit Reis, bei dem es allerdings wenig Neues anzustellen gab). Als er nun in seiner kleinen Küche in seinem kleinen Häuschen im kleinen Städtchen Hjo mit dem Kochen begonnen hatte, war ihm nach dem Anbraten des Huhns, nach dem Schneiden von Paprika, Zwiebel und Knoblauch, nach dem Öffnen des Pappwürfels mit Tomaten und des Glases mit der Würzpaste, nach dem Waschen des Reises, wie es ihn sein Vater gelehrt hatte, beim Griff zur zweiten Konserve schmerzlich aufgefallen, dass er statt der Erbsen nun eben Bohnen angeschafft hatte. »Helvete«, rief er aus, was kein Beschwören eines möglichen Freundes aus der Schweiz, sondern nun wirklich ein harmloser Schimpfruf war. Er starrte auf das Etikett, das dem der Kichererbsenpackung unverschämt ähnlich sah. Rundliche, feucht glänzende Formen unter dem Banner der Supermarkt-Hausmarke »ICA«, nur eben »vita jättebönor«, wo »Kikärtor« stehen sollte. »Naturligtvis«, dachte er, »natürlich«, sich an den Besuch im Laden erinnernd: Als er das Tetra Pak aus dem Regal gefingert hatte, war er gerade damit beschäftigt gewesen, mit der anderen Hand die übrigen Einkäufe aufzuklauben, die aus dem Korb gepurzelt waren, als dessen Henkel unversehens brach. »Helvete« war ihm auch damals in den Sinn gekommen, wenn er den Gedanken auch für sich behielt, denn in einem Städtchen wie Hjo war es mehr als wahrscheinlich, dass etwa seine Grundschullehrerin, der Pfarrer oder ein Bekannter seiner ausgesprochen wohlerzogenen Eltern nur ein Regal weiter lauerte, um eine solche Entgleisung unmittelbar und unwiderruflich tadelnd zur Kenntnis zu nehmen. Hjo würde davon erfahren. Hjo wäre nicht erfreut.

Gunnar Pettersson war ein besonnener Zeitgenosse und durchaus fähig, mit solcherlei Notlagen angemessen umzugehen. Er stellte die Pfanne, in der bereits Öl (hier großgeschrieben, nicht etwa »öl«, also Bier, was doch eine untaugliche Grundlage für ein Curry gewesen wäre) warm zu werden begann, vom Herd, schaltete diesen aus, griff sich

Schlüssel, Portemonnaie und Tragebeutel und verließ das Haus, um die wenigen Minuten zum Laden auf sich zu nehmen. Sein Versuch am neuen Rezept würde mit einer falschen Zutat unweigerlich scheitern und jede Lust an der Wiederholung verderben – und er hatte sich fest vorgenommen, sich an Neuem zu probieren, auch um im Geiste Lina Andersson zu beweisen, dass er durchaus zu einem Ausbruch aus der Routine fähig war. Lina. Pah. Entschlossenen Schrittes stapfte er durch die sommerlichen Straßen von Hjo. Jävla! Lina. Pah.

Indes bahnte sich an der Kreuzung zwischen Falköpingsvägen und Guldkroksgatan ein Unheil an, gegen das die Verwechslung zweier Lebensmittelkonserven, mit Verlaub, beinahe nichtig erscheinen wollte. Am frühen Morgen war hier, vom Kriechen aus dem Gras auf warme Steinplatten erst orientierungslos ermattet, dann von einem geschmacklosen Damenschuh (Größe 38) unglücklich gequetscht, ein Regenwurm unweit der Bushaltestelle nach kurzem Kampf verblichen. Was das Unglück des Tieres und seiner Angehörigen war, versprach bald das Glück vieler anderer zu werden. Eine Ameise, von der Kolonie auf Erkundungsreise entsandt, fand den entseelten Wenigborster und machte sich, eilig und dienstfertig, auf den Rückweg zu den ihren, um von der unverhofften Nahrungsquelle zu künden. »Helmi, Helmi«, rief sie. Nun mag man, wenn »man« so gerne spekuliert, wie vom Verfasser vermutet, annehmen, dass dies im Schwedischen ein alarmierender Ausruf sei, eine Bitte zur Zusammenkunft, ein Ausdruck von Jubel gar. Man ginge wiederum fehl, dieses Mal in zweierlei Hinsicht. Zum Einen sprach die Ameise nicht Schwedisch, sondern Finnisch, wie alle in ihrer Kolonie, deren Ahnen bereits 1977 auf einem betagten Holzkutter aus Turku immigriert und seitdem auf verschlungenen Wegen ihren Weg an den

Binnensee Vättern gefunden hatten, an dem Hjo seit jeher lag, denn Städte sind zwar größer als Ameisen, dafür aber ungleich weniger mobil. Und zweitens war Helmi nichts anderes als der Name der besten Freundin der Ameise, die ihrerseits auf den Namen Lauri hörte. Gemeinsam gaben sie nun Bescheid und in der inspirierenden Effizienz, die diesen Insekten eigen ist, bildeten sie eine Abordnung zur Bergung des wertvollen Proteins, Lauri vorweg, Helmi an seiner Seite, beide die Größe des Moments spürend, der womöglich auch ihrer seit langem unerklärlich spannungsgeladenen Freundschaft einen neuen, einen ersehnten positiven Schub geben könnte.

Und wäre Lauri nicht so aufgeregt gewesen.

Und hätte nicht der Damenschuh beim Erdolchen des Wurms einen feinen, fettigen Film auf dem Boden hinterlassen.

Und hätte dieser nicht so nah ein einem Sprung im Asphalt gelegen, dass sich der Anlaufweg für einen beherzten Ameisensprung als tückische Rutschpartie entpuppte.

Und wäre nicht Lauri in all seiner freudigen Erwartung für einen Moment nicht Herr seiner sechs Glieder gewesen.

Und hätte nicht der Rest der Ameisenexpedition das Straucheln, das tatsächlich zu einem seltenen Sturz führende Stolpern, so erschrocken und hilflos zur Kenntnis genommen, dass sie ihre Mission für einen Moment vergaß.

Und hätte nicht der verdatterte Lauri, auf den nicht nur Helmi, sondern auch Emma, Eetu und der plumpe Aleksi aufliefen, die Orientierung verloren und einige Augenblicke gebraucht, sich wieder an den Lageort des Wurmes zu erinnern.

Und hätte nicht ein Vogel den wirbellosen, von Ameisen unbelagerten Kadaver in der entstehenden Zeitspanne zuerst entdeckt.

Und hätte nicht Lucius, der Kater von Agnes Holmgren, seinerseits die sich zum Fressen niederlassende Amsel bemerkt.

Und wäre Lucius ein besserer Jäger, der die Beute nicht bereits im Anschleichen durch allzu große Ungeduld jedes Mal unweigerlich verjagte.

Und hätte sich der Vogel wiederum als verständig genug erwiesen, die schnelle Flucht nach oben anzutreten statt zur Seite, über die Fahrbahn des Falköpingsvägen.

Und hätte nicht Kristoffer Linde seinen geliebten Golf über eben diese Straße kutschiert in genau dem Moment, als ein Blitz aus dunklen Federn, gefolgt von einem deutlich mit MJAU überfütterten Bündel aus Fell, seine Fahrbahn kreuzten.

Und hätte Kristoffer Linde Gunnar Pettersson gesehen oder mindestens erahnt, der eben die Guldkroksgatan hinaufstiefelte.

Und hätte er nicht, den Nachbarn eben nicht im Sinn, erschrocken und aus Gedanken gerissen, das Steuer wild zur Seite gezerrt.

Und wäre damit nicht die Kühlerhaube unweigerlich zum übergroßen Damenschuh für den armen Wurm Gunnar Pettersson geworden –

Dann wäre diesem womöglich an jedem Tag ein wirklich respektables Curry gelungen. Pah, Lina! Jävla!

Schreibimpuls · Schreibe einen Text, in dem 5 Missgeschicke vorkommen. Zwei davon müssen sich gegenseitig beeinflussen, eines muss groß sein, eines klein und eines komplett anarchisch.

Bis es brennt

Verschwind' aus unserem Quartier,
So schnell dich deine dünnen Beine tragen!
Verfüg' dich hin, wo deiner Werke Folgen
Fade Früchte aus den Ästen treiben –
Kannst diese wohl dir einverleiben.
Lass mir, was mein,
Lass uns, was unser,
Nur ein paar Augenblicke noch,
Eh du, was du nicht kennst,
Noch säst,
Unweigerlich verschlingst.
Kein traurigeres Schicksal kenn' ich,
Als dir am Ende doch zu dienen,
Wenn wir mit unser Herzen dunklem Blut
Für alle deine Sünden sühnen,
Gegossen in die Fugen,
Aus denen du die Welt,
In die du trittst,
Mit jedem seelenlosen Schritt
Unwiederbringlich reißt.
Niklas Ehrentreich – Bis es brennt
Einst wollte ich an deiner Seite sitzen,
In allen Schritten folgen
Und warb um deine Gunst,
Geblendet so, als wärest du die Sonne selbst,
Als kröne dich dein Reichtum
Zum Nabel einer neuen Welt,
Die mich erhaben machen kann.
Wo ist dein Anteil,
Diese Welt zu schaffen,
Die du so unverfroren deine nennst?

Wessen Hände, wenn nicht uns're,
Bauten, was du nun zu stehlen trachtest?
Hände, deren Schwielen, deren Narben du
Als schmutzig, faulig, unwert, grob, verachtest.
Fern waren du und deinesgleichen –
Nun sollen wir vor dir zur Seite weichen?
Noch dankbar sein – warum, wofür?
Hast du auch nur den kleinsten Funken Geist
Geschlagen in der immerschwarzen Nacht?
Hast du, als wir dann Wärme brachten
Uns eine Hand geliehen,
Zu schützen, was wir leis' entfachten?
Bei uns gesessen, als noch, kalt und bar,
Uns nur der Glaube
An uns selbst bewahrt?
Niklas Ehrentreich – Bis es brennt
Du lauerst noch, bis unsre Träume
Einander ausgelöscht, bis nur die Starken bleiben.
Um dann das letzte Feuer auszutreiben.
Die steife Hülle trägst du bald
Als deinen Preis zum Markt.
Hier sitz' ich. Fülle Flaschen
Und verstopfe sie mit Tuch.
Ist auch die Gegenwehr ein törichter Versuch,
Was fraglos kommen wird, zu wehren.
Euch lass ich nicht, was nicht das eure ist.
Weil ihr nur Kälte, niemals Feuer kennt –
Bis, was ihr eben noch begehrtet, brennt.

Schreibimpuls · Schreibe einen Text, der (dich) entzündet.

Es war, ähm, einmal

Es war einmal ein Königreich. Und dort lebte eine weise Bäuerin, die viele Kriege hatte kommen und gehen sehen. Also, das ist so eigentlich nicht richtig. Das Königreich ... ist ja noch. Es ist ein Königreich. Aber die Bäuerin, die war, die ist nicht mehr. Bedauerlich, sagen alle, die sie kannten. Trotzdem, besser:

Es ist ein Königreich. Und dort lebte eine weise Bäuerin, die viele Kriege hatte kommen und gehen sehen. Natürlich nicht ganz. Nicht so von Anfang bis Ende, sondern immer nur ausschnittsweise, Kapitel der Kriege sozusagen, manchmal wusste sie auch gar nicht, ob so ein Kapitel noch zum letzten Krieg gehörte oder schon zum neuen, Kriege sind oft schlecht ausgeschildert. Das hat meist Marketinggründe, führt jetzt aber zu weit.

Es ist also ein Königreich. Und dort lebte eine weise Bäuerin, die Anzeichen vieler diffuser Kriege gesehen hatte, die schlecht einzuordnen gewesen waren. Diese weise Bäuerin also, der dieses Label eigentlich nicht gerecht wird, die im Grunde ja mehr war als bloß eine Bäuerin und auch nicht einfach weise, so in einem Wort, eine facettenreiche Frau, die für viele Menschen besondere Rollen ausfüllte; Freundin, Tochter, Ratgeberin, Leserundenmitglied, nicht schlicht über ihren Beruf definiert jedenfalls, als Mensch gewitzt und verlässlich, aber auch über einen Hauch Verbohrtheit durchaus nicht erhaben, diese komplexe Existenz eben hatte ... Moment. Nochmal richtig.

Es ist ein Königreich. Und dort lebte eine Person (Pronomen: Sie/Ihr) mit vielfachen Nuancen, mit Stärken und Schwächen und Träumen und Zielen, von manchen hin und wieder in grober Vereinfachung »weise« genannt, die in einem Teil ihrer Lebenszeit als Bäuerin selbstständig war (scheinselbstständig? Ein Urteil steht aus?) und die Manifestationen diverser ineinander übergehender Kriege wahrnahm. So. Und eines Tages nun, es muss im Frühjahr gewesen sein, kam mit einem Mal ein Reiter die Straße herab auf seinem in dicke Felle eingehüllten Pferd, das ... Winter. Es war offenbar Winter. Eines Tages nun im Winter kam ein Reiter die Straße herab auf seinem ... von wegen, nein, es war Frühjahr, aber es war dieses besonders kalte Jahr, da waren ja auch eben erst alle bereits gesetzten Blumen in ihrem Vorgarten erfroren, es hatte ihr das Herz gebrochen. Daher die Felle auf dem Pferd, das ist etwas verwirrend, nichtsdestoweniger: nicht Winter, Frühjahr.

Es ist ein Königreich. Und dort lebte und wirkte eine tolle und vielseitige Person, die in der besagten Lebensphase einen kleinen Agrarbetrieb unterhielt. Sie beobachtete mit analytischer Distanz das ambivalente politische Treiben der Zeit, das sich vor allem in bewaffnetem Konflikt entlud, allzu oft erstes statt letztes Mittel der Wahl, fand auch besagte Frau, als eines Tages in einem bemerkenswert kalten Frühling, der auch dem aufmerksamen Erzähler sehr winterlich vorkommen konnte, ein Reiter auf sie zukam. Der Reiter, Familienvater und Backgammon-Fan, was aus der Distanz nur schwer auszumachen war, kämpfte im Großen Krieg. So hieß der Kleine Krieg, als man vom Mittleren und Großen Krieg und vom Zweiten Großen Krieg noch nichts wusste, das ist nun etwas irritierend, wir bleiben aber um der authentischen Stimmung Willen bei der Nomenklatur der Zeit. Ob sich der Reiter wohl freiwillig gemeldet hätte, wenn es nur um den Kleinen Krieg gegangen wäre? Auch hier: alles eine Frage des Brandings, das machte der König schon gut so weit. Immerhin wollte man Menschen motivieren, alles stehen und liegen zu lassen, Kind und Kegel, Backgammonbrett und Beruf, und da musste schon die singuläre, epochemachende Qualität des aktuellen Scharmützels betont werden. Stellen wir uns das mal transparent vor: Melde dich fürs Kriegchen! Das zieht doch nicht. Der Reiter hätte kaum den Sattel aufgeschnallt. Zumal mit seinem kaputten Rücken, da sollten erstmal andere ran. Er hatte bereits im letzten Großen Krieg (den wir heute als erste Februar-Krise kennen) gefochten und sah es im Grunde partout nicht ein, nochmal in die Bresche zu springen, wer will es ihm verübeln? Worum ging es eben? Ach ja!

Es ist ein Königreich. Dort lebte ein ganz und gar dreidimensionaler Mensch mit Vegetationshintergrund, der das Weltgeschehen im Auge behielt und zu kontextualisieren versuchte. Eines beachtlich winterlichen Frühjahrs kam ein zu diesem Zeitpunkt berittener Mitbürger (stellen Sie sich meinen Onkel Hartmut vor, wenn Sie das bildlicher brauchen, er ist auf einem Mannschaftsfoto seines Kegelclub auf Google zu finden, der Dritte von links) mit seinem adäquat ausgestatteten Nutztier die Straße herunter. Im Rücken des Kavalleristen steckte ein Pfeil. Er wankte, fiel, stand nicht wieder auf. Und weil es nicht von Ungefähr kam, dass die Besitzerin des Grundes, auf den er stürzte, von manchen für pfiffig gehalten wurde, waren ihre Worte, geäußert beim stirnrunzelnden Beugen über den leblosen Leib, so spontan wie treffend:

»Das hätt's jetzt aber echt nicht gebraucht.«

Schreibimpuls · Verfasse eine Erzählung, die nie so richtig losgeht, weil immer etwas dazwischenkommt.

Byebye, Kokosnussinsel

Fast alles ist kaputt.

Jeder Vorgang auf dem alten Laptop reizt dessen Kräfte vollständig aus. Es ist, als hebe er ein schweres Gewicht auf einen Sockel, mit zitternden Armen, und man muss fürchten, dass es ihm aus den Händen gleitet auf den letzten, den härtesten Zentimetern. Ein Abrutschen, ein Zusammenbrechen: nie auszuschließen, nicht einmal übelnehmen könnte man es ihm. Wenn er es geschafft hat, schnauft er, hustet er. Ist es endlich genug? Angesichts der Dinge, die noch von ihm verlangt werden, kann es einem das Herz zerreißen. Öffne den Browser. Zeig mir meine Mails. Öffne den Link. Starte die App. Suche die Webcam. Teste den Ton.

Fast alles ist kaputt.

Doch die Boxen klingen, als habe es Jahre der Nutzung zwischen Tür und Angel, des hastigen Stopfens in schmutzige Taschen, Myriaden von Krümeln, Staub, Talg nie gegeben. Die Software stockt und ruckelt, während sich der Warteraum des Chatprogramms öffnet, dann kommt der Rechner wieder zu Atem. Holt Luft und singt.

Eric Clapton. R.E.M. Pearl Jam. Nirvana. Counting Crows.

»Komm, nur noch einmal«, murmelt die Frau vor dem Bildschirm, als die Minuten verstreichen. Sie greift in einen Korb neben dem Schreibtisch und wühlt darin herum, ehe sie findet, was sie sucht. Ein Plastikteil, glatt auf der einen Seite, auf der anderen mit einer breiten, gummierten Klammer versehen. Ein USB-Donut, den sie nun auf die obere Kante des Bildschirmes clippt. Das Kabel findet den USB-Port. Den defekten. Dann einen anderen. Grelles, weißes Licht flammt auf, gerade, als sich etwas auf dem Monitor tut. Ein hektischer Klick, dann verstummt Adam Duritz' oszillierende Stimme. Zwei schwarze Kästen in der Mitte der Anzeige. Zwei Namen. Zwei durchgestrichene Kameras, Mikrofone, sie greift fahrig nach der Maus, während die andere Hand das Ringlicht dimmt und eine weichere Farbe anwählt. Dann ist sie selbst im Bild, seltsam entrückt vor dem dunklen Raum, die kreisrunde Reflexion der Ansteckklampe in den weit geöffneten Augen.

Hallo?
Ja!
Hallo, hörst du mich?
Ja, ich höre dich, du mich auch?
Hörst du mich?
Anna?
Ah jetzt, hatte den Laptopton aus. Hörst du mich?
Ja, ich höre dich! Aber dein Bild ist ... ah, jetzt!

Annas Anzeigefenster wird hell. Ihre Kamera braucht einen Moment, um wach zu werden, zuckt ein wenig vor und zurück, ehe das Bild scharf wird. Der Laptop surrt und jammert, Magdalena spürt ein leichtes Vibrieren. Sie lächelt.

Ich bin zu spät, sorry
Ach was das ist doch okay
Danke es war nur ... es war viel los
Erzähl
Ach, nichts Besonderes, nur Arbeit und so, es kann einfach niemand mehr normal miteinander umgehen, ohne Scheiß. Mich kotzt das an. Aber mach dir keine Sorgen.

Ich mach mir keine Sorgen. Wie meinst du das, niemand kann mehr normal miteinander umgehen?

Anna beginnt zu erzählen. Magdalena hört zu. So haben sie es oft gemacht in den letzten Monaten. Reden statt Treffen, mit einem Mal, als sie sich gerade fast aneinander gewöhnt hatten. Als Anna erzählte, dass dieses Virus ihr Angst macht, hat Magdalena zugehört. Als sie von ihrem schlechten Immunsystem berichtete, jetzt nicht tragisch, aber muss man schon bedenken, von ihrem kranken Cousin, da liegt was in der Familie, weißt du, von ihrer Sorge, sich bei Magdalena anzustecken, Tests hin oder her. Magdalena blieb nicht viel übrig, als das zu respektieren. Keine Argumente dagegen. Kein Ventil für Widerspruch. Jede Sehnsucht immer auch Selbstsucht. Sie haben dann weiter oft geredet, mehrmals die Woche, sie haben ausprobiert, ob Zoom-Sex etwas für sie ist. Skype-Sex. Telefonsex. Haben sich Briefe geschickt und Sprachnachrichten, kleine Geschenke getauscht, große Geschenke. Hab das Buch gesehen und musste an dich denken. Hab dir einen Kalender gebastelt. Jetzt kann Anna endlich wieder ins Büro. Sie wirkt nervös.

Aber wenigstens können wir uns endlich wieder sehen.

Ja!

Freust du dich?

Etwas in Magdalena verrutscht in diesem Moment. Ein toter Ast am Ufer, der sich lange der Strömung widersetzt hatte. Ein Knopf am letzten Rest Faden. Mit einem Mal gerät es in Bewegung, unaufhaltsam. Dann fragt man sich, wie das so lange dauern konnte. Nein, möchte sie sagen. Aber das ist zu kurz. Schon, ja, aber ich weiß nicht, wie das wird. Ich glaube, ganz anders. Ich glaube, das wird nicht so werden, wie wir uns das wünschen, ich glaube, ich bin dafür nicht bereit. Das wird schon, sagt sie. Sich. Wenn ihr euch erst seht, willst du sie auch wieder genau wie davor. In ihrem Kopf kämpfen die Instinkte und Reflexe mit den sich erst mühsam formierenden Gedanken, die kaum hinterherkommen, langsam, schwerfällig Einhalt gebieten. Besänftigen, beruhigen, bestätigen.

Du weißt, was sie hören will.

Ich weiß, dass das nicht stimmt.

Du kannst es dir jetzt leicht machen.

Ich will jetzt nicht darüber reden.

Lüg sie an, nur jetzt, der Rest findet sich dann. Das ist okay.

Ist es nicht.

Ich will jetzt nicht darüber reden.

Sie sieht sich selbst. Jede Falte, jede Pore, jede kleine Rötung, die Müdigkeit in den Augen, die Nervosität in den Mundwinkeln. Auf die Leinwand ihres Gesichts ist alles gemalt, was es zu sagen gibt, in klaren Linien. Die Schatten ringsum, ein helles Porträt, wenig Grau dazwischen. Lockige Haare als Rahmen, verkniffene Lippen, eine Hand spielt nervös an der Holzkette um ihren Hals. Das Ringlicht leuchtet jeden Zweifel aus, unmöglich, das nicht zu erkennen. Flutlichtangst.

Über was?

Über uns.

Oh.

Ja.

Okay. Dann ... wow, okay, dann sagst du ja schon alles.

Nein, so ist das nicht.

Wie dann?

Wir müssen uns jetzt endlich sehen.

Du nimmst es mir doch übel.

Was?

Dass wir uns nicht mehr treffen konnten!

Nein, das stimmt nicht!

Klar, machst du

Echt nicht!

Hör zu. Es ist okay. Wir sehen uns jetzt und dann schauen wir weiter. Das hier ist für alle scheiße. Ich verstehe auch, wenn ...

So ist das nicht!

Wir sehen uns, okay?

Okay.

Pause. Die Lüftung jammert. Dann spricht Anna. Fünf Minuten, zehn Minuten. So, als wäre nichts gewesen. Sie kann das leicht nehmen, abwarten, sie erträgt Veränderung, wie Magdalena es nicht kann, nie konnte. Wir verändern uns immer, sagt sie, und sieht nichts Trauriges daran. Als sie sich verabschieden, ist ein Treffen vereinbart. Mal sehen, sagt Anna, alles oder nichts, denkt Magdalena. Es müsste doch so viel leichter sein.

Als der Bildschirm dunkel wird, zieht sie das Kabel des Steck-LEDs ab. Reglos sitzt sie da, ehe sie die Musik wieder einschaltet. Wenigstens die Boxen funktionieren, glasklar, satt. Das Sirren des Laptops in seinem schweren Gehäuse will nicht zum schleppenden Schlagzeug passen. Die letzten Akkorde. Großer Gott. Ich bin nicht bereit.

Schreibimpuls · Schreibe einen Text, in dem ein Ringlicht eine grausame Rolle spielt und ein Lieblingslied eine wichtige Funktion einnimmt.

Where art thou?

Es ist fast still im Raum. Der staubige Teppich mit dem ausgetretenen Muster schluckt die Geräusche, durstig und gierig wie ein erschöpftes Maultier am Wasserloch. Nur das regelmäßige Klicken eines Messingpendels in der hölzernen Standuhr ist zu hören. Es teilt die Zeit in gleichmäßige Scheiben, sekundendick. Gerahmte Fotografien bedecken die Wände fast vollständig. Richard Nixon spielt Bowling. Die Berge Nebraskas. Zwei Männer mit breiten Kragen, dunklen Hüten, Banjo, Gitarre, Mikrofon. Im schmalen Lichtkorridor, den die Vorhänge passieren lassen, schwebt Staub, legt sich um die Beine des Schreibtischs und die des durchgesessenen Polsterstuhls davor. Er riecht nach den nervösen Flatulenzen all derer, die sich hier, im Reich von Moogy Barnes, um etwas bemüht haben: eine Auskunft, einen Stempel, eine Streichung in den Akten. Einen Eintrag, eine Kopie, einen Bescheid. Überall haftet das für den guten Eindruck aufgelegte Aftershave, der Schweiß um die Lehnen geschlungener Hände. Der Duft von Frustration, Wut, Ernüchterung. Und, wie alles hier, auch ein wenig der von Moogy Barnes. Konservenfleischatem, Doral-Tabak, Pomade und Jähzorn.

Es klopft. Rhythmisch, drei Mal. Pock, pock, pock. Dann, als darauf keine Reaktion folgt, viermal, diesmal wuchtiger, als nicht Knöchel, sondern die weiche Unterseite einer Faust zum Einsatz kommt. Humb, humb, humb, humb. Und schließlich schiebt sich die Türe auf, zögernd bewegt, gegen den ganzen Widerstand ihrer störrischen Angeln. Zwei Schuhe erscheinen auf der zerfurchten Schwelle der Amtsstube. Sie sind eilig poliert, das ist gut zu erkennen. In den Vertiefungen sitzt Staub, die Oberseiten glänzen dafür speckig, an den Rändern der Ösen hat sich Wichse gesammelt, die fettige Fäden über die Schnürsenkel zieht. Langsam wird der rechte durch den Türrahmen gehoben. Khakihosen mit betonter Bügelfalte wachsen hinterher, ein geflochtener Gürtel, ein gestärktes Hemd mit großer Brusttasche. Und dann, über dem am Falz abgeriebenen Kragen, ein graues Gesicht. Bartschatten. Augenringe. Eine lange, schmale Nase, krauses, dunkles Haar.

»Mr. Barnes?«

Die eigene Stimme erschreckt den Mann kurz. Der Teppich hat alle Höhen aufgesogen, der dumpfe Bass hängt noch kurz in der Luft. Die Augen des Mannes werden vom Lichtkegel der Schreibtischlampe angezogen.

»Mr. Barnes? Ich bin Joseph Frost, man hat mich zu Ihnen geschickt. Wegen einer Sache, sehen Sie? Können Sie mir weiterhelfen?«

Mit einem Rucken schiebt sich der breite Körper von Moogy Barnes ins Licht der Lampe. Obwohl er sich nur wenige Zentimeter bewegt, ist es, als erscheine er aus dem Nichts. Frost muss sich beherrschen, um nicht mit dem Rücken zur Wand zurückzuweichen. Feine Längsstreifen spannen sich über das Hemd wie Maschen eines Einkaufsnetzes über eine mächtige Melone. Und darüber ein groteskes Gesicht: ungleichmäßig, fleckig, lippenlos, mit einer breiten Nasenspitze, die nicht zum knochigen Rücken des Riechorgans passen will, und Augenbrauen, deren Überfluss gereicht hätte, die nur noch dünne besiedelte Schädelplatte großzügig zu versorgen. Wurstige Finger rücken ein Namensschild aus Holz zurecht. Darauf eine Plakette. Montgomery Barnes. Clerk.

»Machen Sie die Tür zu«, kommandiert die Öffnung des Gesichts, an der Lippen sein sollten. Ein Spucken aus einem Winkel, mehr ist nicht zu kriegen für den furchtsamen Besucher. Frost tut, wie ihm geheißen, und macht Anstalten, vor dem Schreibtisch Platz zu nehmen.

»Wie war ihr Name?«, fragt das Gesicht im Halbdunkel, doch was es eigentlich sagt, ist: Wer hat dir erlaubt, dich zu setzen? Der Besucher erstarrt.

»Joseph Frost, Sir?«, fragt er.

»Nun, Mr. Frost, Ihnen ist sicher klar, dass das Büro bald für das Wochenende schließt. Woher soll ich da noch die Zeit nehmen, mich auch noch um Ihr Anliegen zu kümmern?«

Frost, der schief auf das Sitzmöbel gelehnt auf halbem Weg in den Sitz eingefroren ist, lässt den Blick zum Ziffernblatt der Standuhr wandern. Dreizehn Uhr und siebenundzwanzig Minuten. Sein Einwand hängt unausgesprochen zwischen ihnen.

»Also, diese Sache. Was hat es damit auf sich?«

Die roten, kurzen Hände schweben über dem Schreibtisch vor und zurück, ordnen Stifte an, rücken Papiere zurecht, bis makellose Ordnung auf der dunkelgrünen Schreibunterlage herrscht. Hier und heute noch einmal Bewegung, Arbeit gar – schwer vorzustellen.

»Ich müsste, also, ich bräuchte, Mr. Barnes, Sir, eine Kopie meiner Geburtsurkunde. Für meine Hochzeit, wissen Sie? Sir.«

Noch immer steckt Joseph Frost zwischen Sitzen und Stehen fest, ein Schmerz zieht ihm durch Hüfte und Schulter, doch er wagt nicht, sich zu regen, während die kleinen Augen hinter der kantigen Brille über den Tisch huschen und noch den letzten Rest Unordnung, das kleinste bisschen Schmutz ins Visier nehmen. Er ist nicht sicher, ob der andere ihn gehört hat. Er muss. Wohin soll seine Stimme denn entwichen sein in der kleinen Kammer, wenn nicht direkt in die ungleichmäßig am Kopf anliegenden Ohren von Moogy Barnes?

»Ich sag Ihnen was. Sie lassen mir Ihren Namen da. Ihr Geburtsdatum. Den Namen Ihrer Mutter. Den Mädchennamen Ihrer Mutter. Das Geburtsdatum Ihrer Mutter. Den Namen des Krankenhauses, in dem Sie geboren wurden.«

»Das kann ich Ihnen nicht auswendig ...«

»Den Namen des betreuenden Arztes. Die Anschrift des betreuenden Arztes. Die ausbildende Universität des betreuenden Arztes.«

»Woher soll ich denn ...«

»Schließlich eine Bearbeitungsgebühr von vierzig Dollar. Dokumentenführungsgebühren von achtzehn Dollar und fünfundzwanzig Cent. Die Büromittelpauschale von sechs Dollar und neunundneunzig Cent. Dann können Sie, Mr. Frost, in fünf Wochen wiederkommen und nachfragen, ob wir die Kopie Ihrer Geburtsurkunde schon ausfertigen konnten. Cash, bitte. Schreiben Sie alles in dieses Formular.«

Für einige Pendelschwünge ist es still im Raum. Joseph Frost hat sich wieder aufgerichtet, den Rücken durchgestreckt, mit jedem Wort seines Gegenübers wächst die Distanz unwillkürlich ein wenig.

»Aber ich möchte kommende Woche heiraten! Es ist von äußerster Dringlichkeit!«

Nun sieht Moogy Barnes das erste Mal richtig auf. Falls ihn etwas rührt, Mitgefühl oder Hohn, Genugtuung oder Überraschung, lässt er es sich nicht anmerken. Er hebt einen Bleistift senkrecht genau zwischen sich und seinen Besucher. Mit einem schnellen Blähen der fleckigen Wangen bläst er etwas Graphitstaub von der Spitze, legt das Schreibgerät auf das eben vorgeschobene Formular, und widmet sich wieder der Organisation seiner bürokratischen Werkbank.

»Fünfundsechzig Dollar und vierundzwanzig Cent, alles in allem. Noch einmal: Cash.«

Unwillkürlich geht Josephs Hand zu seiner Brieftasche. Wie automatisiert beginnt er, die Banknoten zusammenzuzählen. Das Einkaufsgeld für den Rest der Woche. Benzin. Eine kleine Schuld beim Nachbarn – alles, was er besitzt, hat er bei sich. Keine einhundert Dollar. Nichtsnutz, hört er die Stimme seines angehenden Schwiegervaters im dunklen Rascheln der schweren Vorhänge. Das rotbraune Muttermal auf Moogy Barnes' ölig glänzender Stirn hat, wie Joseph nun bemerkt, die feist grinsende Silhouette von Ezekiel VanGroen, der es nur zu gerne sähe, wenn seine Verlobte um ihre Hochzeit gebracht würde. Nicht nur kommende Woche. Zitternd legt Joseph siebzig Dollar in zerknickten Scheinen ab. Mit einer schnellen Bewegung nimmt Barnes sie an sich, zählt mit speichelfeuchten Daumen. Eine Schublade öffnet und schließt sich.

»Ihre Quittung.«

Das Rascheln des Blocks und das Klackern des Stempels erfolgen so schnell, dass Joseph schwören könnte, all das wäre gleichzeitig erfolgt. Vergeblich sucht er nach dem Wechselgeld.

»All dieses Angaben. Ich kann doch unmöglich wissen ... ich meine, der Arzt, sein College?«

»Ich muss doch sichergehen, mit wem ich es hier zu tun habe. Verwechslungen passieren jeden Tag. Wir nehmen das Heiraten sehr ernst hier in Mississippi.«

Joseph Frosts Hemdrücken ist inzwischen vollständig durchgeschwitzt. Das Schlucken fällt ihm schwer. Seine Stimme klingt heiser, als er weiterspricht.

»Kann ich denn so eine Urkundenkopie auch anderswo beglaubigen lassen?«

Eine mächtige Augenbraue hebt sich und Ezekiel VanGroens Scherenschnitt reckt triumphierend das Kinn.

»Natürlich, Mr. Frost. Aber wenn ich nun mal das Original hier in meinem Büro habe, wird Ihnen das wenig nutzen, nicht wahr?«

Joseph schluckt. Sein Adamsapfel tanzt an seiner Kehle auf und ab.

»Joseph Frost. Mein Geburtstag ist der siebzehnte Mai 1913. Meine Mutter war Angeline Frost, geborene Forrester, geboren am ersten November 1891, verstorben am vierten Februar 1934, Gott hab sie selig. Ich bin hier in Sumner geboren, Hausgeburt.«

Frost lässt Barnes jetzt nicht aus dem Blick.

»Der Arzt war ein Bekannter meines Vaters, er lebte auf der anderen Seite des Flusses, 301 Scout Hut Lane, in dem Herrenhaus mit dem steilen Schindeldach, Sie kennen es bestimmt.«

Die Augen des Clerks verengen sich bedrohlich. Frost hält ihrem Starren stand.

»Und wenn mich nicht alles täuscht, ging er auf die Ole Miss. Er hatte eine College-Jacke, die er manchmal trug, wenn er mit meinem Dad und mir zum Angeln fuhr. Go Rebels.«

Ezekiel VanGroens Gesicht sieht selbst im Profil perplex aus – Moogy Barnes hat nun beide Brauen weit hochgezogen und funkelt wütend über den Schreibtisch. Seine Stimme ist ein Lederbeutel voller Kiesel und Nägel, als er das Wort ergreift.

»Nun. Mr. Frost. Das ist ja alles schön und gut. Aber ...«

Mit einem Schnaufen lässt er sich zurücksinken, legt die Fingerspitzen aneinander und leckt sich in einer krötenhaften Bewegung mit der Zungenspitze ein wenig Speichel aus dem Mundwinkel.

»... Sie haben mir den Namen des Arztes nicht verraten. So kann ich Ihnen die Urkunde nicht herausgeben. Das verstehen Sie sicher.«

Joseph Frost nickt langsam.

»Natürlich. Natürlich, das verstehe ich.«

Kurz deutet er an, sich zum Gehen wenden zu wollen. Dann hält er inne.

»Kessler. Sein Name war Kessler. Dr. Matthew Kessler.«

Die Worte hängen schwer im Raum – dann richtet sich Barnes auf, atmet tief ein und saugt die Worte aus der Luft. Er grinst, und VanGroen mit ihm.

»Das ist leider, befürchte ich, ganz unmöglich. Ich kannte Dr. Kessler. Er ist 1909 verstorben, ich selbst habe die Akten damals gepflegt, ein Jagdunfall, wenn ich mich recht entsinne.«

Frost starrt zurück.

»Nun irren Sie sich. Sie haben das falsch in Erinnerung. Oder Ihre Akten sind nicht in Ordnung, Mr. Barnes. Dr. Kessler ist in der Tat verstorben, aber das war erst vor zwölf Jahren, lang nach meiner Geburt, und dass ich hier stehe, Frucht seiner Arbeit, ist der Beweis dafür.«

»Unsinn!«

»So wahr mir Gott helfe.«

»Lassen Sie Gott aus dem Spiel!«

»Er hat mich zur Welt gebracht!«

»Infam!«

»Na gut, im Grunde hat mich meine Mutter zur Welt gebracht ...«

»Meine Akten, nicht in Ordnung, Frechheit!«

»Aber ohne ihn wäre es wohl nicht gut gegangen, ich war ein sehr großes Baby, wissen Sie?«

»Von HAND habe ich das Datum eingetragen, ich werde doch wohl wissen ...«

»Und quer gelegen habe ich. Nur Ärger hat man mit mir.«

»Niemals war Dr. Kessler Ihr Arzt!«

»Ich weiß noch genau, wie meine Mum immer sagte: Dr. Kessler, sagte sie, Dr. Kessler, ohne Sie wäre unser Joseph nicht bei uns, und ich wohl auch nicht.«

»Unmöglich!«

Schaum steht dem Mann hinter dem akkurat sortierten Holztisch vor dem Mund, die Augen treten hervor. Er hat sich erhoben. Nein: Er ist aufgestanden, denn erhöht hat sich seine runde Gestalt dadurch praktisch nicht. Schweiß steht auf dem roten Schädel und das Muttermal mit der Kontur von Josephs Nebenbuhler verblasst auf dem immer dunkler werdenden Untergrund, als ziehe es sich schamhaft vor dem Spektakel zurück.

»Und mein Dad hat ihm damals eine neue Angel geschenkt, wissen Sie? Als Dank. Die hat er dann immer mitgenommen, wenn wir auf seinem Boot waren. Pops, Dr. Kessler mit seiner Ole Miss-Jacke und seiner Dankesangel und ich. Ich durfte noch keine eigene Angel haben, aber Dr. Kessler, ich habe ihn nie Matthew nennen dürfen, oder Matt, er sagte, eines Tages wird er mir eine schenken. Aber dazu kam es dann nicht mehr, er ist ja dann bei diesem Jagdunfall gestorben.«

Joseph macht eine Kunstpause.

»Vor zwölf Jahren.«

Etwas in Moogy Barnes reißt und schlägt dabei wild um sich. Einen Moment denkt Joseph, er würde umfallen, von seinem platzenden Herzen erlegt, und er fragt sich, ob er wohl seine Geburtsurkunde finden und damit verschwinden könne, ehe jemand angerannt käme, aufgeschreckt vom sicherlich kolossalen Schlag, den ein fallender Moogy Barnes verursachen würde. Doch dann wirbelt der runde Mann mit den glühenden Ohren herum und reißt eine Metallschublade auf. Wenige, überraschend behände Griffe seiner kurzen Finger schieben Papierstöße und Ordner beiseite, dann streckt der Mann triumphierend ein Dokument in die Höhe. Joseph stockt der Atem. Alles oder nichts.

»Ha!«, schreit Barnes.

»Was?«, fragt Joseph.

»Von wegen Kessler! MacDougal! Sie hatten keinen Arzt, Sie hatten eine Hebamme, Carol MacDougal, hier steht es! Meine Akten nicht in Ordnung. Von wegen!«

Er knallt die Urkunde auf den Tisch, schwer keuchend, den gefährlich glimmenden Kopf in den Nacken gelegt, die Hände in die Hüften gestemmt. Joseph starrt auf das Papier.

Moogy Barnes starrt auf das Papier.

Dann geht alles sehr schnell.

Mit einem Satz hängt Joseph über der Tischplatte, einen Arm ausgestreckt, den anderen wie eine Sprungfeder eingeklappt und auf das Holz gestützt. Barnes stürzt nach vorne, doch ehe er eine schwitzige Faust auf das Dokument niederfahren lassen kann, ist Joseph schon zurückgeschnellt, das Papier in Händen, und rückwärts bis zur Tür gesprungen.

»Haben Sie vielen Dank, Sir!«, keucht er.

Dann zieht er die Türe beim Hinausschlüpfen zu, ehe ein Schwall von Flüchen, eine nicht zu vernachlässigende Menge Speichel und eine kleine Büste von Präsident Zachary Taylor an ihre Innenseite schlagen.

Sue wartet vor dem Gebäude.

»Hast du alles?«, fragt sie und legt den Kopf leicht schief, wie sie es immer tut, wenn sie seine Antworten mit besonderer Spannung erwartet.

»Ja. Ja, ich habe alles. Wir können heiraten, fast wie geplant.«

Sie stutzt. »Fast wie geplant?«

Aus dem Inneren des Gebäudes dringt Gepolter. Es klingt, als habe sich ein aufgebrachter Jungbulle ins Innere eines Farmhauses verirrt, in dem gerade die Milchkannen nach dem Auswaschen trocknen.

»Wir heiraten. Priester, Richter, alles. Nur ...«

Aus dem Erdgeschoss ist ein gutturaler Schrei zu hören: »FROST!«

»... nur vielleicht nicht hier.«

Joseph greift Sues Hand. Sie rennen die staubige Straße hinab.

Arkansas soll auch schön sein im Frühsommer.

Schreibimpuls · Schreibe eine Hommage an deine*n liebste*n Regisseur*in.

Die Gabel (oder nicht?)

An einem Flohmarktstand liegt
Neben Vasen Puppen Blechterrinen
Comics Serviettenringen Kerzenhaltern
Auf Strickdecken Kinderhosen Plattenhüllen
Eine Gabel mit 'nem einzigen Zinken

Sie hatte einmal mehr davon gehabt
Zwischen Stümpfen verbogenen Metalls
Blieb er alleine übrig und reckt nun
Trotzig seinen spitzen Hut
In den blauen Flohmarktsamstagmorgenhimmel

Ist ein bloßer schlanker Finger
Dann denn noch genug um aus
Diesem Invaliden etwas zu machen
Das man Besteckstück nennen kann
Viel guten Willen vorausgesetzt

So wird schlecht Fleischfixieren sein
Spaghettiwickeln – keine Chance
Salatbeförderung steht außer Frage
Hier gabelstapelt nichts Risotto
Vierzack Dreizack Zweizack? Einfach.
Einzack – Keinzack. Leider.

Ich bleib am Trödeltische stehen
Dort rührt doch sehr dies' unverzagte Ding
Zahlloser Tand wechselt Hände
Lampen Puzzles Schundromane
Bügeleisen Etageren
Münzen Krüge Krippen Skier
Geselle Eisenspieß
Gibt's nur
Für mich

Schreibimpuls · Verfasse einen Text,
in dem jedes Wort nur einmal vorkommt.

Wie es endet

Was ich möchte vom Leben, willst du von mir wissen
Na, du stellst ja komische Fragen ...
Das meiste passiert, ob wir woll'n oder nicht
Wir haben da nicht viel zu sagen
Ich falle so vorwärts, man geht seiner Wege
Und manchmal kriegt jemand ein Kind
Die Einkommen steigen, während wir uns versichern
Wie wild wir doch alle noch sind
Irgendwann trägt man dann Schiebermütze
Weil die Sonne im Altenheim blendet
Man gönnt sich 'ne Kreuzfahrt,
eh der Nachwuchs das Geld,
Das man hart verdient hat, verschwendet

Was wir wollen? Belanglos, wenn wir erst begreifen:
Im Grund bleibt eh alles, wie's ist
Wer das Jetzt verachtet, wird drüber verzweifeln
Wer's gut findet, wird Optimist
Die Reichen gewinnen, die Armen verlieren
Dann, zyklisch, ist jemand empört
Und stellt sich zur Wahl, eh er schließlich einsieht:
Es ist schon so, wie es gehört
Die Bayern sind Meister, auf März folgt April
Bis auf Twitter »Heuschnupfen« trendet
Ist das Nachhaltigkeit, wenn man einfach den immer
Identischen Alltag verwendet?

Doch was ist mit uns? Ich sehe es kommen:
Wir werden uns furchtbar verlieben
Und dann füreinander, wider besseres Wissen,
Die Prioritäten verschieben
Schon schleicht sich ein Vorwurf in jeden Moment bis
Wir uns in Gefangenschaft wähnen
Man gibt sich die Hand und man geht auseinander
Es fließen aus Höflichkeit Tränen
Noch halten wir fest, dann werden die Schätze
Die wir uns mal schenkten, gespendet
Was ich möchte vom Leben? Ich wünsche mir etwas
Von dem ich nicht weiß, wie es endet

Schreibimpuls · Ich hätte gerne etwas,
von dem ich nicht weiß, wie es endet.

Nachbarschaftshilfe

Das erstaunlichste daran, das erste Mal in eine fremde Stadt einzureisen, ist, dass sie ein echter Ort ist. Und nicht etwa eine Postkarte. Dass zum Beispiel Pisa neben einem markant haltungsschwachen Turm auch Supermärkte hat, Tauben, Ampeln, Architekturbüros, zerrissene Müllsäcke auf dem Gehsteig, H&M-Filialen, Wirtschaftsprüfer mit teuren Aktentaschen, kaputte Reklametafeln an schmutzigen Hauptstraßenanliegerhäusern, dass all das nicht zweidimensional und aus billiger Pappe ist, wird einem erst bewusst, wenn man am Bahnhof (Bahnhof!) aus dem Zug steigt.

Ich weiß nicht, was ich von dieser Stadt genau erwartet hatte. Dass ich die letzten Meter auf einem Kutter würde zurücklegen müssen? Dass es unmittelbar zu regnen beginnt, wenn ich meinen süddeutschen Fuß auf hanseatischen Grund setze? Dass man seinen Kaffee mit Sardinen serviert bekommt und die Zeitung mit Dublonen aus dem Überseehandel mit der Ostindienkompanie bezahlt? Nun, ich fuhr trockenen Fußes mit dem Zug ein, kaufte einen nicht weiter thematischen Cappuccino, schlappte zwischen leibhaftigen und bemerkenswert gewöhnlichen Stadtmenschen zur U-Bahn und hatte keinen einzigen Friesennerz gesehen, als ich an der vereinbarten Haltestelle aus dem Untergrund auftauchte, nur um festzustellen, dass ich auf den ersten Blick gerade auch in einem Wohnviertel von München, Frankfurt, Jena, Kassel, Essen, Mannheim oder Dresden gelandet sein könnte. Kaugummiautomaten, seit den frühen 00er-Jahren nicht neu befüllt, beschmierte Stromkästen, ein Kiosk mit Lotto-Fahne, ein kleinbürgerlicher PKW-Mix. Die Bäckereifiliale zu meiner Rechten: ebenso Teil einer Kette wie der Videospieleladen am Eck. Hallo Hamburg.

Dann sah sie mich, noch ehe ich sie sah, oder besser: erkannte. Meine alte Freundin Theresa, von allen nur Tess genannt, hatte eine ihrer regelmäßigen
Transformationen durchgemacht, die mich lange zögern ließ, ob das Winken der Fremden auf der anderen Straßenseite im Schummerlicht des frühen Abends wirklich mir galt. Lange Haare mit prominentem Pony, wo ein Pixie-Cut gewesen war, ein unförmiges, sandfarbenes Jackett über schwarzem Kapuzenpullover, die Knie knebelnde Jeans anstelle der bunten Röcke, auf die sie bei unserem letzten Treffen noch geschworen hatte (»So bequem ey, musst du probieren, und immer frisch gelüftet!«), dazu wuchtige Stiefel mit dem zu diesen passenden festen, breitbeinigen, unverrückbaren Stand.

»Hey, Kasper, wie schön, dass du hier bist!«

»Hi Tess! Ja, ich freu mich auch.«

Wir umarmten uns, sie roch nach Tabak und Lavendel. Immer noch hatte sie dieses ausufernde Lachen im Gesicht, das sie in ihrem gegenwärtigen Kostüm letztlich verraten hatte, und sah mich wiederholt von schräg unten an, als wolle sie sicher gehen, dass ich mithielt, während sie sich mit großen Schritten aufmachte, ohne mir zu sagen wohin.

»Wie war die Fahrt?«

»Gut, gut. Ein Typ hat total laut telefoniert, das hat genervt, und eine Frau hat gesagt, dass es nervt, dass er so laut telefoniert, das hat noch mehr genervt, weil wir im Handybereich waren, das war schon okay von dem, leider, weißt du?«

»Hm, ja«, sagte sie, während sie mit dem rechten Fuß gegen einen Stapel Zeitungen stieß, der auseinanderfiel. Graues, dünnes Papier und bunte Magazintitelseiten verteilten sich, Tess trat noch einmal gegen einen Möbelkatalog, der kurz durch die Luft flog und dann am Straßenrand liegenblieb. Ich wunderte mich, sagte aber nichts.

»Ich dachte, wir bringen erstmal deinen Rucksack zu mir. Antonia ist nicht daheim, du kannst sie später kennenlernen. Ha! Nicht mit mir!«

Im Vorbeigehen riss sie einen Aushang von der Tür, die wir passierten.

»Acro-Yoga. Pff, my ass!«

Ich sah irritiert zu, wie sie das Papier in Fetzen riss und diese über die Schulter warf. Die Stücke zerstreuten sich und blieben als loses Muster hinter uns zurück.

»Du warst noch nie in Hamburg, oder?«

Ich wandte den Blick wieder meiner Begleiterin zu.

»Nein, noch nie. Hatte ich immer schonmal vorgehabt, und jetzt, wo du hier wohnst ... Wie ist es eigentlich bisher, gefällt es dir hier? Im Viertel, mein ich?«

»Es ist toll! Also, alles! Weißt du, man kann hier noch mit ganz normalen Leuten abhängen, die echten Locals kennenlernen. Es fühlt sich nach Kleinstadt an, aber es ist nicht weit bis ins Zentrum. Und da geht echt was. Ich liebe es hier.«

Mit einem Ausfallschritt trat sie an ein Souterrainfenster heran, zielte kurz und ließ dann die Spitze ihres Stiefels gegen das Glas krachen, das sofort sprang und ein Spinnennetz aus Rissen warf. Zufrieden nickte Tess und kam zu mir zurück. Ich war stehengeblieben.

»Was zum Teufel machst du da?«, fragte ich.

Sie runzelte kurz die Stirn, dann verstand sie, was ich meinte. Die Bruchteile von Sekunden, die es dazu brauchte, kamen mir lang vor angesichts des offenkundigen Irrsinns, der sich abspielte.

»Quartiersmanagement«, sagte sie, und lief wieder los, als sei damit alles erklärt. Die braunen Haare wippten im Gehen, sie hatte ein ordentliches Tempo am Leib und ein kräftiges Federn in den Knien.

»Was soll denn das heißen? Du hast grade die Scheibe eingetreten!«

»Ja, klar! Was denkst du, wie wir einfachen Leute hier unsere Mieten bezahlen? Wir halten die Yuppies und die Investoren draußen, logisch.«

Wie um ihren Punkt zu unterstreichen, stieß sie gegen einen Lime-Roller, dessen Lenker im Fallen hilflos schlackerte und mit einem befriedigenden Knirschen auf dem Boden aufschlug.

»Weißt du«, fuhr sie fort, »man muss sich ja organisieren. Wann immer der Senat große Pläne für dieses Viertel macht, schwärmen die Heuschrecken aus, um sich anzusehen, wo hier Platz für einen Coworking-Space wäre. Dann sehen wir zu, dass sie nichts finden.«

Ich schob die Daumen unter die Trageriemen meines Rucksacks, um diesen fester an mich zu ziehen, und suchte nach einer angemessenen Antwort auf ihre Ausführungen.

»Und ihr zieht einfach alle rum und macht Sachen kaputt? Gibt das nicht eine Menge Ärger?«

»Ach wo!«

Tess zuckte mit den Schultern und schüttelte einmal energisch den Kopf hin und her.

»Wir haben einen Fonds eingerichtet, da zahlen alle ein, und wenn mal wirklich ein Schaden für jemanden aus dem Viertel entsteht, wird der daraus beglichen. Das schafft Arbeit fürs Handwerk vor Ort und ist immer noch viel billiger als die steigenden Mieten, die wir kriegen würden, wenn erstmal ›Miss Sporty‹-Filialen hier eingeritten kommen.«

Sie legte den Kopf schief und fixierte eine Vespa, die am Randstein parkte.

»Ist die echt alt oder so ein Vintage-Hobbyprojekt, was meinst du?«

Ehe ich antworten konnte, zog sie ein Klappmesser aus der Jacketttasche und stach zweimal auf den Vorderreifen ein. Das Zischen der entweichenden Luft, zusammen mit dem weit aufgerissenen Rollerauge, rührte mich beinahe. Die Vespa ging in die Knie und neige sich leicht zur Seite. Tess war schon weitergelaufen.

»Okay, okay, ich verstehe! Ziviler Ungehorsam, quasi. Habt ihr denn keine Angst, erwischt zu werden? Das können doch nicht alle gut finden, was du da machst!«

»Wie soll man uns denn kriegen? Da müsste ich mich schon auf frischer Tat ertappen lassen. Sonst gibt es ja hier immer direkt fünfzehn Leute, die hoch und heilig schwören, man wäre den ganzen Tag zum Backgammonspielen bei ihnen gewesen, wenn man ein Alibi braucht.«

Ich nickte langsam. Das hatte Hand und Fuß, keine Frage. Ermutigt von ihrem entschlossenen Umgang mit dem Straßenbild fasste ich mir ein Herz und griff nach einem Zeitungsaufsteller der »Bild am Sonntag« und wollte ihn eben umreißen, als sie abrupt stehen blieb, mein Handgelenk nahm und mich streng anblickte.

»Das ist doch hier kein Abenteuerspielplatz! Das ist Akupunktur. Man muss wissen, wo man zustechen kann und wie feste. Wir machen den Stadtteil besser, nicht einfach beliebig kaputt. Und man muss Teil der Viertelpatrouille sein, sonst geht das nicht.«

Sie stellte das Plastikschild sorgfältig zurück an seinen Platz. Kurz blieb sie stehen, legte den Kopf schief und sah es genauer an.

»Ach, was soll der Geiz.«

Mit einem Tritt trieb sie ihren Schuh durch das Logo des Springerblattes, das Plastik splitterte davon. Sie grinste mich an.

»Du hast Instinkt, das muss ich dir lassen!«

Kurz darauf erreichten wir ein Wohnhaus, vor dem Tess anhielt und nach ihrem Schlüssel zu kramen begann. Zwischen dem Messer, einem Teleskopschlagstock, einer Handvoll zusammengeknoteter und (sicherlich, sagte ich mir) mit weißem Spülmittel gefüllter Kondome kam schließlich der Bund zum Vorschein.

»Hereinspaziert, wir müssen in den Vierten hoch.«
»Und dann? Was steht an?«
Wieder grinste sie breit.
»Fünf Minuten von hier ist eine tolle kleine Kneipe, die neulich von der Vice als Insidertipp empfohlen wurde. Wir haben verabredet, dass die nächsten drei Wochen immer wer von uns da zuständig ist, viel zu betrunken unangenehm aufzufallen. Bis die zartbesaiteten Touris wieder die Biege machen. Ich hab uns heute eingetragen. Bist du dabei?«

Ich warf einen Blick zurück in die Richtung, aus der wir gekommen waren. Eine Spur der Verwüstung, gezogen durch eine Häuserzeile, die mir am Ende unseres Spaziergangs schon nicht mehr so austauschbar erschien.

»Zahlt der Fonds die erste Runde?«
Tess lachte.
»Worauf du dich verlassen kannst!«

Schreibimpuls · Schreibe einen Text, in dem Vandalismus und Sabotage positiv dargestellt werden.

Frau mit Seidenschal

Das gedämpfte, künstliche Klingeln hing lange in der Luft, wie Zigarrenrauch oder ein unbedachtes Wort. Linus verabschiedete sich höflich, noch während es zu hören war, erhob sich, legte die wenigen Schritte zum nächsten Tisch zurück, noch immer die letzten synthetischen Töne im Ohr. Bianca war nett gewesen. Bianca? Bettina! Bettina war nett gewesen. Mehr aber auch nicht. Nicht interessant oder attraktiv oder unmittelbar bemerkenswert. Wie harsch er war, so für sich, dachte er betreten. Was hatte er sich denn versprochen? Auf den ersten Blick von den Socken sein, durchzubrennen, das nüchtern eingerichtete Restaurant, die Namensschilder, den elektronischen Taktgeber zurücklassen, und wenn sie nicht gestorben sind ...?

Zudem: als wäre er so ein grandioser Fang. Linus machte sich nicht viel aus seinem Äußeren und es tat ihm nicht weh, einzugestehen, dass man das erahnen konnte. Er war blass und sah immer ein wenig müde aus, schon lange war das so. Wer es gut mit ihm meinte, würde sagen: verträumt. Und dass er, auch dadurch, oft einen abwesenden Eindruck machte, hatte er mehr als einmal gehört. Er machte den vierten Platzwechsel, drei standen noch bevor, von Gewöhnung keine Spur – das hier war steif und künstlich und überhaupt ein Fehler. Er mochte die Männer hier nicht, die mit ihren Kommentaren, als man unter sich gewesen war, oberflächlich und abwertend über die Frauen sprachen. Er fühlte sich ertappt und abgestoßen davon, als würde ihm jemand die Architektur einer Seite an ihm, die er gerne verborgen hielt, mit bunten Folien präsentieren. Die Frauen saßen auf ihren Plätzen und harrten der vorbeiziehenden Gesichter, würdevoll, aber reserviert. Er ärgerte sich über die Passivität, mit der Bianca (Bettina?) und die anderen darauf gewartet hatten, von ihm begeistert zu werden. It takes two to tango, doesn't it?

Die Lehne des Stuhls gab leicht nach, als Linus sich zurücksinken ließ, das billige Kunstleder knarzte. Er stellte sein Weinglas auf dem hellbraunen Nussholz des Zweiertisches ab und warf erst dann einen Blick hinüber auf die andere Seite. Schmale Schultern, runde Brille, langes Kinn, Mittelscheitel, dunkler Sweater, drei bunte Glasperlen an einer feinen Kette, Namensschild. Elena. Er grinste entschuldigend, als ihm klar wurde, wie abgespannt und lustlos er sich hatte fallen lassen. Sie lächelte leicht und zuckte kaum merklich die Achseln.

Hi. Ich bin Linus.

Hallo Linus, ich bin Elena. Wer hat dich, außer deinen Eltern, mehr als alle anderen geprägt?

Er starrte sie an. Er wollte protestieren: So funktioniert das nicht. Alter, Beruf, Herkunft, Geschwister. Klare Parameter. Es war, als stiege er in eine Partie Schach ein, in der das Gegenüber schon die Hälfte der Figuren entfernt und den Rest in Formation gebracht hatte – ein Rätsel, kein Spiel. Eine Herausforderung, kein Gespräch.

Er musste geglotzt haben. Offenbar. Sie sagte nichts, aber sie hob leicht die Augenbrauen – eine Bekräftigung, ein Nachhaken.

Naja, also, wollen wir nicht erstmal ...

Wozu? Wir haben wenig Zeit. Ich beantworte dir, was du willst, wenn du das hier ernst nimmst. Versuch's einfach, okay?

Sie hatte recht. Es interessierte ihn nicht, ob sie Brüder hatte oder ob sie aus Hagen oder Flensburg kam. Man konnte sich kennenlernen, ohne irgendetwas dergleichen zu wissen. Über eine Minute der ihnen zustehenden sieben war verstrichen. Er dachte über seine Antwort nach. Dann nochmal. Würde sie ihn verstehen oder für völlig seltsam halten?

Sie war in sein Leben getreten, als er acht gewesen war. Schätzte er. Er hätte es wohl nachlesen können, es gab Akten darüber. Zu dieser Zeit waren seine Eltern so überfordert mit allem gewesen, dass sie es aufgegeben hatten, ihm etwas zu verbieten, und er war meist zu müde, daraus Profit zu schlagen. In ihm wohnte ein Drache, das wusste er, und der Drache war stark und alt und groß und böse. Lange hatte er gedacht, dass in allen Kindern Drachen wohnten, aber er verstand langsam, dass das nicht stimmte. Dass nicht alle seine Freunde einmal im Monat, manchmal öfter, zu Ärzten gingen, die nachsahen, wie wütend der Drache war und ob es etwas gab, das Linus tun könnte, um besser mit ihm fertig zu werden. Sie waren wie ratlose alte Zauberer, die einfach nicht den richtigen Spruch wussten. Auch wenn nur wenige von ihnen graue, lange Bärte hatten, keiner eigentlich, sie sahen wie lausige, junge Lehrlinge aus, diese bartlosen Zauberer und Zauberinnen mit ihren weißen Roben oder den in geflochtene Gürtel gesteckten Poloshirts.

Es war kein Wunder, dass er den Drachen am Ende alleine bekämpfte. Manchmal gab es neue Formeln, Sprüche und Tränke. Dann gingen die Eltern und er los und kauften Flaschen und Beutel mit Flüssigkeiten, die er dann, mal länger, mal kürzer, mal über Wochen wiederholt, mal nach wenigen Versuchen stoppend, eingeflöst bekam. Oder die ihm direkt in den Körper flossen, wenn es ganz blöd kam. Sie schmeckten meistens bitter und giftig, weil sie den Drachen vergiften sollten, und weil ihm jede Hilfe gegen ihn gelegen kam, ließ er sich tapfer auf alles ein. Doch am Ende war immer er schwächer und der Drache stärker. Bis sie kam.

Wieder einmal stiegen sie aus dem Auto, wieder einmal war ihm kalt, obwohl niemand sonst zu frieren schien. In der Hand hatte er eine Spruchrolle, klein, dünn und weiß, mit hellrotem Aufdruck und der geschwungenen Handschrift eines weiteren Magiers. Sie waren hier noch nie gewesen, in diesem Laden für Tränke und Zauberbedarf, aber er sah aus wie all die anderen und es kam Linus so vor, als kenne er die Gänge trotzdem: die Regale mit den Salben und die mit den Tinkturen, das Verbandsmaterial, die Tröpfchen und Tiegel. Sie hielten sich mit nichts davon auf – was sie bekamen, war eine spezielle, geheime Mischung, ein Trunk, nur für ihn. Wie die anderen davor auch. Aber diesmal, hatten alle gesagt, würde es ganz bestimmt helfen, sicher und versprochen. Niemand hatte »versprochen« gesagt, zugegeben, nicht mit dem Mund jedenfalls. Aber mit den Augen, mit dem Körper hatte ihm ein Hexer das gesagt, war in die Knie gegangen und hatte ihn fest angesehen. Linus kannte das schon: Mutmachpose. Ernstnehmhaltung. Er nahm es zur Kenntnis.

Als sie an die Reihe kamen, war Linus erschöpft. Nicht vom Warten oder Herlaufen. Vom Wachsein, einfach so. Trotzdem sah er hoch. Vor ihm, auf der anderen Seite des breiten Tisches, stand eine Frau, etwas kleiner als seine Mutter, etwas jünger als die Großmama, mit grauen Strähnen im Haar, einer Halbmondbrille, einem Seidenschal um den Hals. Und mit einem Licht in den grünen Augen, das ihn sofort fesselte. Es war, als säßen zwei winzige Kohlefeuer hinter Buntglas, beständig, hell und warm glimmend. Sie sah zu ihm, nicht zu Mutter, und nahm den Zauberspruch aus seiner Hand entgegen. Sie las, was darauf geschrieben stand, und eine tiefe Querfalte erschien knapp oberhalb ihrer Nasenwurzel. Die Augen der Frau wanderten wieder zu ihm, ganz direkt und fest, und es war, als sähe sie nicht nur ihn, sondern auch den Drachen, nicht seinen dünnen, blassen Körper, sondern den breitschultrigen, großen Krieger, der sich in ihm wieder und wieder gegen das Tier warf, unermüdlich, grimmig, wütend. In diesem Moment wusste er, dass all die anderen Betrüger gewesen waren. Dass das hier eine echte Zauberin war, unter den Menschen in einer Maske, die Elfenohren sorgfältig unter Haar verborgen, die Magie nur im Verborgenen wirkend, und dass sie und er den Drachen würden bezwingen können. Er wusste, dass sie von Fern hergeschickt war, um ihm zur Seite zu stehen, dass sie alles gut machen könnte, dass sie den fehlenden Talisman besaß, den geheimen Trank, irgendwas. Sie musste es einfach sein. Sie musste. Seine Mutter und die Frau hatten kurz gesprochen, höflich, aber abgeklärt. Kein Wunder. Seine Mutter wusste ja nicht, wer sie war, und sie konnte ganz direkt mit ihm sprechen, in Gedanken. Es gab nichts zu tun, als sich zu verneigen, die Gabe der Elfe anzunehmen, und in den Kampf zu ziehen. Er wusste, dass er ihn nun gewinnen konnte.

Also?

Ihm wurde klar, dass er weitere Sekunden hatte verstreichen lassen. Sah er damit nachdenklich aus, ernsthaft, geheimnisvoll? Oder nur bescheuert? Er rutschte auf dem Stuhl ein wenig nach vorne, bis er fest mit beiden Schuhsohlen auf dem Boden stand, die Ellbogen auf dem Tisch, die eine Hand mit der anderen umschlossen. Er holte Luft. Um ihn herum zerschellte Small Talk an den Klippen der Gleichgültigkeit, Wortfetzen spritzten auf, er wischte sie in Gedanken fort.

Gut, Elena. Ich möchte dir von Katja erzählen. Katja hat in einer Apotheke gearbeitet. So wie ich heute.

Schreibimpuls · Schreib die fiktive Biografie der ersten dir völlig unbekannten Person, die dir begegnet.

Das Frühstück

Manches Leben will nur so dahintropfen, als sei es von ganzer Seele in Leichtmut erschöpft. Knapper und treffender als mit diesem melancholischen Bonbel, frei aus dem Niederbaskischen übersetzt, lässt sich wohl die Essenz des Bildes nicht in Worte fassen, das heute Gegenstand unserer kundigen Betrachtung werden soll. Es ist nicht irgendeines, liebe Kunstfreundinnen und Kunstfreunde. Das erste Werk von Jacques-Basile Croissant, sein Frühstück also, ein Vorgeschmack auf all das, was noch folgen sollte, ein amuse œil des Großmeisters des abstrakten Konkretismus, nimmt uns mit auf eine Reise, die sich ganz in rasantem Stillstand entfaltet. Wie es bei Frühstücken außergewöhnlicher Meister so oft der Fall ist, sind all die Elemente, die das Schaffen des aufstrebenden Schöpfers prägen werden, bereits als reiches Buffet appetitlich serviert: die espressiven Formen. Das kontrastreiche Carpaccio von Licht und Schatten. Und als bräuchte es einen weiteren Belag für die Urheberschaft des versierten Maîtres Croissants: das Motiv.

Wie auch bei seinen bekanntesten Gemälden, »Blauschimmel vor Rotbuche« und »Bal du moulin de la Raclette«, schmilzt jede distanzierte Strenge des betrachtenden Auges angesichts der sämigen Leichtigkeit des zentral im Stillleben platzierten Käselaibes unweigerlich dahin. Ein Roquefort, von Kennern zweifelsfrei der Spätkulinarik zuzuordnen, der uns herauszufordern scheint: Zum Schneiden zu weich, zum Streichen zu hart, was willst du tun, eitler Tor? Eine über den Gaumen gepeilte Datierung ermöglicht der Rest des Arrangements. Aufreizend cremig schmiegt sich das Exponat an eine für die erste Hälfte des zweiten Drittels der frühen sechsten Dekade des 19. Jahrhunderts so ungemein, fast Klischee geworden typische

Servierplatte aus ungebeiztem venezianischem Mischholz, wie wir sie aus Werken der Zeitgenossen Luc-Baptiste Rémoulade oder auch Rénard de Ratatouille kennen. Kein Zufall: Alle drei, dieser Exkurs sei erlaubt, zählten ihrerzeit zum rebellischen Kollektiv »nouvelle cuisine«, das als frische Briese durch die Kunstwelt fegte und omelett mit allen Konfitüren der Zeit brach. Dieser Geist gebar auch »Laitage au lever du soleil«, besagtes Frühstück, dem wir uns heute widmen.

Vom Wann, Wer und Was kehren wir also zurück zum Wie und Warum. Die eindrücklichen Texturen, die markante Spiegelei des Roquefort auf dem geölten Präsentierteller, von der französischen Presse schon zu Lebzeiten des gebürtigen Lyoners Croissants als charakteristisch erkannt, geben dem dargestellten Schafskäse eine solche sinnliche Tiefe, dass auch das Erklingen eines fernen Blökens oder der charakteristische Geruch nasser Wolle im Gegenlicht den in sich versinkenden Betrachter nicht Wunder nähmen. Feine Adern in allen Nuancen des Edelschimmelspektrums durchziehen den Laib, Schicksalslinien, Narben, Geschmacksstollen, wie auch das Leben selbst zerpflügt ist von charaktervollen Makeln, zerschlissen und eben darin erhaben. Ich reife, also bin ich. Wir erahnen in der Farbgestaltung Anklänge der weißen Periode eines späten Mozzarella, im sanften Pinselaufstrich eine Frommage ans Schaffen Gruyères, in der Komposition unverkennbare Zitate aus dem Oeuf des jungen Gouda. Nicht umsonst gilt Croissants erste Schaffensphase als wichtigste Malzeit seiner Karriere: Offensichtlich bestaunen wir das Tun eines mit besonderem Taleggio gesegneten Künstlers, für den sein Frühstück wurde, was für da Vinci das Abendmahl ist – ein Reifezeugnis, ein Ausrufezeichen, ein bleibender Nachweis vorzeitig erlangter Meisterschaft.

Bleibt die Frage nach dem Wollen Croissants. Wohin mit all den Eindrücken? Was tun mit dem Übermaß, zu viel für ein noch so hungriges Auge, das sich unweigerlich an der Fülle verschlucken muss? So lehrt uns das Übermaß Demut: Obacht, stelle dich zunächst mit kleinem Teller an, sucht uns der Künstler mahnend zuzuraunen, dieser Käse wird uns noch alle überdauern. Denn auch wenn im Moment der Darstellung die Zeit und der heiße Sommer der südlichen Champagne den prallen Korpus des mächtigen Halblaibes bereits in trägen viskosen Fluss zu versetzen beginnen und er, einem in Kerkerhaft befindlichen Sansculotten nicht ungleich, die Möglichkeit einer Flucht aus den engen Restriktionen des schweren Barockrahmens zumindest hintersinnig zu erwägen scheint: Am Ende bleibt er endlos, unverrückbar, und an seinem Reichtum muss sich das Ideal der restlos verschlungenen Portion ihrer eigenen Lächerlichkeit mit offenem Visier stellen. Die Botschaft, wir vernehmen sie überdeutlich: Morgen, tapferer Esser, wird es Regen geben.

Jacques-Basil Croissant wäre dieser Tage genau 163,4 Jahre alt geworden. Sein Frühstück bleibt uns als Gruß aus einer Zeit erhalten, die das Verspielte, das Krokette noch zu goutieren wusste. Erweisen wir »Laitage au lever du soleil« die verdiente Ehre. Zu bestaunen ist es jeden Morgen von 7:00 bis 9:00 Uhr, am Wochenende auch bis 11:00. Ein Narr, wer es verschläft.

Schreibimpuls · Ein Text, in dem ein Wort konsequent falsch verwendet wird.

Bei jedem müden Schritt

Bei jedem müden Schritt will der Schädel mir zerspringen
Ein Husten frisst sich sauer aus dem Magen in den Hals
Die Schultern, Knie, Hüfte, Flanken, Schenkel sind verknotet
Die ungekämmten Haare: Menetekel des Verfalls

Das Dröhnen in der Stirn macht aus jedem Ton des Morgens
Einen Presslufthammerschlag, gesetzt an meinem Fundament
Der Pelz in meinem Mund: genug für Mütze, Stola, Mantel
Die Lippen sind zerschlissen, jedes Zungenschlagen brennt

An der Haltestelle kommt mir eine schlurfende Erscheinung
Mit gebeugtem Rumpf entgegen, hält sich grade so im Lot
Und ich blicke in die Augen in der spiegelnden Reklame:
Ringe dunkel, Lider schläfrig, Winkel krümelnd, Ränder rot

Doch so fahl die Haut auch knittrig
überm Schädelknochen lungert
Und so wund die Nase glüht als ein entzündeter Kontrast –
Trägt der Mund ein leichtes Lächeln,
das der flüchtige Betrachter
Allzu zügig übersieht, allzu einfach bloß verpasst

Stunden früher tanzen Finger fahrig tippend über Tasten
Zappeln Zehen in der Enge vierer Schuhe auf und ab
Wartet Einer auf die Andre an der Ecke vor der Kneipe
Sucht die Eine nach dem Andren in der abendlichen Stadt

Stunden früher gehen beide mit den Händen in den Taschen
Ganz verlegen, überfordert, zögernd aufeinander zu
Und vergleichen so für sich die Gesichter auf den Bildern
Mit den echten auf der Straße – Ich bin ich. Und wer bist du?

Und die Stunden, sie vergehen.
Zwischen Worten und Getränken
Zwischen plötzlich leichtem Lachen
und dem ersten Mal berühr'n
Stürzen Zeiger in die Gläser. Als sich beide dann erheben
Führt ihr Weg sie ohne Eile vor, dann hinter: eine Tür

Nun will bei jedem müden Schritt mir
meine Schädeldecke springen
Übervoll von diesen Bildern, den Gedanken, diesem Glück
Bringt das Brennen in der Kehle, der Tumult in meinem Magen
Die Erinnerung an jeden Schluck von dir in mir zurück

Diese Knoten in den Gliedern, wo zwei viel zu große Körper
Sich ein viel zu kleines Lager ein paar Stunden lang geteilt
Und die Haare, durch die Finger fordernd fuhren,
gruben, strichen,
Sind die Zeugen einer Nacht, die nicht lang genug verweilt

Auch die Lippen und die Zunge,
die so schwer und so geschunden
So belegt sind und so klebrig sind nicht Bürde oder Last
Sondern Jugendclubhauswände, in die du mit einem Edding
Und mit Stickern unauslöschbar deine Spur gegraben hast

Die Gestalt vor mir im Spiegel in Zermürbung ganz erhaben
Will nicht Zahnbürste noch Kaffee, keine Dusche, sie begehrt
Ein Zurück in diese Bar, in dieses Bett, in diese Arme
Lieber zweisam ganz zerschlagen als alleine unversehrt

Schreibimpuls · Schreibe einen Text, in dem eine
unangenehme körperliche Empfindung positiv
umgedeutet wird.

Lob der Faulheit

Sie haben es ja nur gut gemeint. Glaube ich. Wahrscheinlich sind sie sogar selbst überzeugt gewesen. Als meine Eltern mir jedenfalls sagten: Den Fleißigen gehört die Welt, da hab ich auf sie gehört und dieses gefährliche Stück Ideologie in mich aufgesogen wie eine billige Fleecejacke den Herbstregen beim Campingausflug. Das heißt jetzt nicht, dass ich je fleißig gewesen wäre. Meine Vorstellung eines harten Arbeitstages ist bis heute, wenn ich zwei Zoom-Calls absitze und mir dazwischen händisch Pesto auf die Nudeln löffle, weil keine Fertigpizza mehr da ist. Aber: Ich hab' mich immer schlecht gefühlt damit. Ein bisschen wenigstens. Also nicht genug, um was zu ändern, aber doch latent ungut, ungefähr so, wie wenn man morgens pinkeln muss, aber noch nicht aufstehen will und denkt, dass das schon von selbst weggeht. Und mit morgens meine ich natürlich 11:30 Uhr.

Aber selbst dieses Maß an Unbehagen ist fehl am Platz, denn: Den Fleißigen gehört ein Scheiß! Schaut euch die Top 100 der reichsten Menschen doch mal an: Blutdiamantenmilliardäre, Online-Buchhändler, Computer-Nerds aus den 90ern. Was davon schreit bitte »fleißig«? Wo wird da geschraubt, gepflegt, gekümmert, ausgeliefert, geschleppt, gebaut, gerannt? Da wird geerbt und investiert, da spuckt doch keiner in die Hände, zumindest nicht in die eigenen. Höchstens in die von Steuerbehörden, die einen fairen Anteil einsammeln wollen.

Um so viel Geld und so viel Welt zu haben wie Lynsi Snyder, müsste ich zum Beispiel 1.500 Jahre Burger braten, bei amerikanischem Mindestlohn. Lynsi Snyder gehört In-N-Out Burger, die fünfzigstgrößte Fast-Food-Kette in den USA, gegründet von ihrem Opa, versteht sich. Und sie ist grade mal auf Platz 687 der reichsten Menschen der Welt. Das lohnt sich ja kaum! Das sind die Leute, die später im Apokalypse-Bunker die Schuhe putzen müssen! 4,2 Milliarden Dollar, das ist einstellig, das ist peinlich, was sollen die Nachbarn sagen? Pöbel ist das, bei denen hat das Rettungsboot der Yacht keinen Hubschrauberlandeplatz, lass dich nicht bei denen blicken. Und dafür 1.500 Jahre am Grill stehen? Jetzt sagen manche: Naja, aber der Trick der Milliardäre ist ja – früh aufstehen. Um 5 klingelt der Wecker, irre, was man da alles schafft. Regelmäßig lüften, Yoga, Dankbarkeits-Tagebuch und ein Aktienpaket vom Onkel, das sind die Geheimnisse der Schönen und Reichen, nicht unbedingt in dieser Reihenfolge. Dabei müsste der Rückschluss ein ganz anderer sein. Wenn die Welt eben nicht den Fleißigen gehört, dann ist der Weg doch nicht, mehr zu arbeiten. Sondern weniger. Der frühe Vogel fängt den Wurm? Am Arsch! Der frühe Vogel fängt den frühen Wurm. Was ist mit dem späten Wurm, der erst zum Brunch aufsteht? Früh übt sich, wer ein Meister werden will? Ein Meister verdient hier im Schnitt 46.000 Euro, das sind 113.000 Jahre, bis man Lynsi Snyder ist. Das Üben spare ich mir.

Die Faulheit hat also ganz zu Unrecht einen schlechten Ruf. Von den Reichen lernt man Sparen, aber von den Faulen lernt man Effizienz! Als hätte jemals ein fleißiger Mensch, der gerne mal die Extrameile geht, das Aquädukt erfunden. Der steht um 5 auf, schreibt »Dankbar für Kaiser Nero« in sein Journal und latscht erstmal mit der Amphore ins Gebirge, um Quellwasser für sein Oatmeal zu holen. Der Faule schläft aus, denkt, »Wäre geil, wenn das Wasser hierherkäme«, und sucht sich ein paar Fleißige, die das dann umsetzen. Weiter zurück: das Rad! Das trägt die Handschrift der Bequemlichkeit! Über wie viele Kanten willst du das Ding da hinten an der Achse kippen? Über keine! Na bitte! Faule Menschen sind nicht besser als andere. Aber selbst, wenn sie Unheil im Sinn haben, das passiert ja frühestens morgen. Und zwar immer! Und dann auch nicht viel davon, viel zu anstrengend. James Bond könnte längst im Ruhestand sein, wenn Goldfinger und Dr. No einfach mal chillen und Playstation spielen würden, während sie sich versichern, dass sie am nächsten Tag ganz bestimmt ein großes Ding drehen.

Natürlich kann man auch durch Nichtstun großen Schaden anrichten. Man könnte das auch »scholzen« nennen. Das ist als Faulheit getarnte Böswilligkeit, die in der Tat eine Menge Arbeit an Verdrängung und Rechtsberatung erfordert und der Bequemlichkeit als Ganzer einen schlechten Ruf verleiht. Trotzdem, zugegeben, die Existenz der Fleißigen macht es manchmal schwer, straight edge faul zu bleiben, ohne moralisch ins Hintertreffen zu geraten. Fleiß ist also ansteckend und es gelten im Grunde die gleichen Regeln wie sonst auch: Kontakt vermeiden, Social Distancing, auf Besserung hoffen. Tu einfach so, als wärst du Jeff Bezos und dein Gegenüber ein widerlicher kleiner Einkommensmilliardär, der gelegentlich noch mit Bargeld zu tun hat. Bäh. Und damit das gelingt, damit die Faulen endlich unter sich sein können, um gemeinsam die Welt in Besitz zu nehmen, denn das scheint ja ihr angestammter Platz zu sein, habe ich eine Parole verfasst. Zum Mitsprechen oder Mitsingen, das geht auch gut im Sitzen oder Liegen. Daran werden wir uns erkennen.

Senkt die Hand zum Gruß und nickt nur ganz entspannt
Es ist jetzt nicht die Zeit der großen Taten
Liebe Arbeitsscheue aus dem ganzen Land
Chillt erstmal, die Revolution kann warten
Denn die Welt gehört nicht denen, die sich mühen
Sondern denen, die die andren mühen lassen
Die schönsten Gärten können ohne Gärtner blühen
Schreibt es bei Gelegenheit in alle Gassen
Und wenn unser Tag dann kommt,
dann sind wir ausgeruht und fit
Wann immer es euch passt,
stimmt mit ein und singt es mit:
Den Fleißigen gehört vielleicht die Welt
Wir übernehmen sie dann – wenn es uns gefällt

Schreibimpuls · Was ist die größte Lüge, die dir als Kind erzählt wurde und wie hat diese dein Leben beeinflusst?

Der Schatten

Ich bin sicher, er verfolgt mich.

Sich das einzugestehen ist gar nicht so einfach. Verfolgt, das werden andere. Aus tausend Gründen – die Stars, als Preis des Ruhms, andere aus Distanzlosigkeit. Weil sie etwas ausgefressen haben. Zu denen gehöre ich nicht.

Dann gibt es die, die denken, sie werden verfolgt. Weil sie es mal wurden, weil das so manches erklären würde. Einfach so. Bei denen stimmt das aber gar nicht. Zu denen – will ich nicht gehören.

Ich werde also sehr wahrscheinlich nicht verfolgt, da sollte man sich nichts vormachen. So weit war ich bis letzte Woche.

Aber irgendwann muss man sich entscheiden – glaube ich an den Zufall, wenn da wer im Supermarkt durch die Regalfächer schielt, hinten im gleichen Bus kauert, in einen dicken Schal vergraben? Wenn dir einer im Nacken sitzt und immer, wenn du ihn dir schnappen möchtest, ganz unbeteiligt davonschleicht?

Inzwischen traue ich mich also, es zuzugeben, also nochmal: Ich bin sicher, er verfolgt mich. Ich weiß, das klingt verrückt oder so, aber es stimmt, dass ich da sicher bin. Es stimmt. Es stimmt.

Wenn ich morgens aufstehe, ist er da. Beim Bäcker am Eck. Er war vor mir wach. Lange schon. Er liest die Financial Times, ich sehe sein Gesicht nicht, das ist hinter dem Cover versteckt.

»So werden Sie finanziell unabhängig«

»Clever sparen leicht gemacht«

Wer liest denn so ein Magazin an einem Bistrotisch neben Vitrinen voller Aufbackbretzeln und trockenen Nussschnecken? Die Beine wippen, die Fingernägel, die die

Hochglanzflügel halten, sind makellos und glatt. Er hat da schon so viel erreicht, mein Morgenkaffee ist seine erste Pause. Was mir Mühe macht, fällt ihm leicht. Ich sehe ihn dampfend unter Laternen hindurch joggen, federnd, während ich noch in den Daunen liege. Er verpasst diese besten Stunden nicht, er hat einen Plan und ein Ziel.

Ich esse dann lieber daheim. Aber ich weiß, er ist da.

Wenn ich an der Arbeit sitze, liest er mit. Ich weiß nicht, wie er das macht, aber er schaut mir über die Schulter und sieht dem Cursor ganz genau zu: Ist das so auch bestimmt richtig? Ist das genug? Ich höre das Hochziehen der Augenbraue in seinem Ton, und seinen Ton in seiner Stimme irgendwo hinter meinem Brustbein. Fest und schneidend, als ginge ein Lötkolben durch Eis. Die Konsonanten zischen.

Ich kann's doch auch nicht besser erklären.

Wenn ich abends ins Bett gehe, höre ich ihn. Da helfen alle über den Kopf gezogenen Kissen nichts: Klar und deutlich spricht er zu mir. Oder redet zumindest so vor sich hin, ganz in der Nähe.

Ich traue mich kaum mehr ins Internet. Hinter jedem Avatar könnte er sich verstecken, er sieht meine Bilder, liest, was ich von mir gebe. Wie ein Theaterregisseur im Schutz der mit Licht flutenden Scheinwerfer, selbst unangreifbar und regungslos, sieht er alles vor sich ausgebreitet und macht sich mit gnadenlos spitzem Stift Notizen. Zu flach, zu albern, zu klein. Der Stift kratzt. Ich beiße die Zähne zusammen.

Er schlägt die Beine übereinander, mühelos elegant, wenn ich über die Bühne stolpere, seine Stirn ist trocken, gerahmt von perfekt frisiertem Haar, wenn er sie runzelt, halb amüsiert, halb mitleidig. Ich strample. Er seufzt. Ich schwitze. Er hüstelt.

Manchmal, wenn er besonders dreist daherkommt, will ich ihn zur Rede stellen. Warum machst du das? Warum lässt du mich nicht einfach in Ruhe? Ich stelle mir vor, wie er wohl reagieren würde. Überlegen, bestimmt. Weil – das will er ja, mich so aus der Fassung bringen, eine Reaktion, ein Eingeständnis, dass er mir nahekommt. Perfide, nicht? Dass einer, der dir alle Sicherheit nimmt, dir am Ende nicht einmal die Gewissheit lässt, dass es ihn wirklich gibt.

Ich stelle mir vor, wie er mir gegenübertritt. Ganz gerade steht er, das Kinn gereckt, **die Augen** blitzen hell unter gehobenen Brauen. Er weiß alles, sieht alles, versteht alles. Mein Negativ in diesem Moment. Heißt es deshalb »beschatten«? Mach dich nicht lächerlich. Du interessierst mich nicht. Niemanden.

Ich stelle mir vor, wie er mich **auflaufen** lässt. Er ist mir immer einen Schritt voraus.
Ich glaube, ich werde mit ihm leben müssen.
Dann geht er eben
Zu denselben Partys
In dieselben Bars,
die identischen Geschäfte,
Ins selbe Fitnessstudio
Wie ich

Immer früher da, immer streng, korrekt. »Die Stange ganz durchdrücken«, wispert jemand, ich blicke auf, ein Schatten huscht in die Kabine.

Er ist dabei irgendwie
Fitter,
Gesünder,
Witziger,
Schöner,
Offener,
Was soll's?

Offenbar braucht er mich ja mehr, als er stört, wenn man sich mal gewöhnt. Er ist, wo ich bin, er kann nicht ohne mich. Nirgendwo hin, wo ich nicht bin. Nichts Besseres zu tun? Denke ich, und sage hallo.

Hallo, Zweifel.
Und er
grüßt zurück.

Schreibimpuls · Wie sähe dein eigener Zweifel als Mensch aus?

Eine Frage danach

Schmecke ich dir nicht?
Du hast mich verschlungen
Vernichtungshungrig
Bei den Füßen angefangen
Und bis zur obersten Stirnfalte nicht aufgehört.
Nur ein Anstandsrest von mir ist geblieben
Und ein paar Haare
In deinem Mundwinkel
Vielleicht auch deshalb
Siehst du irgendwie ...
Unzufrieden aus?

Magst du nicht, wie ich schmecke?
Bist du deshalb so seichtgesichtig
Oder hast du dich einfach
An mir
Überfressen?
»Too much« bin ich, schon klar
Hättest du dann nicht einfach
Aufhören können?
Jetzt schmiege ich mich in dich
Vom Kehlkopf
Zum Pförtner

Was schmeckt dir nicht an mir?
Ich bin doch süß für dich
Tanze mit Pantoffeln aus Zuckerwatte
In Trippelschritten
Über deine Zunge.

Zurück bleibt ein wohlig tauber Pelz
Den hab ich für dich gemacht
Ich male alles aus mit einem
Dichten Ich-Film
Damit du lange noch
Von mir naschen kannst.

Schmeckt dir nicht, wie salzig ich bin?
Dass ich mit spitzen Zangenfingern
Deine Wangen kneife
Dass eine Erinnerung von mir bleibt
Da, wo ich deinen Mund berühre?
Jeden Tropfen Wasser nehme ich mit
Wo ich gehe
Als Andenken an dich
Ich mach dich durstig
Aber offenbar nicht
Nach mir.

Magst du meine Säure nicht?
Die Zitronenbrandspuren
Die Pampelmusenmalerei
Mit der ich dich an unsere
Zeit zusammen erinnere?
Dabei haben wir uns nie mehr verbunden
Als da, wo ich mich
In dich gefressen habe
Du dich in mich
Du sauer, ich sauer
Wir sauer, alle beide.

Schmecke ich dir nicht?
Wie ich mich komponiert habe
Nur für dich, ganz so, wie ich wusste,
dass du es am liebsten magst?
Wie ich die Schärfe
Jeden Widerspruchs
Und die lebenszerschlagene Bitterkeit
Abgestoßen habe
Wie ich süßsauersalzig wurde
Rund, perfekt, für dich.
Schmecke ich dir nicht?

Schreibimpuls · Schreibe einen Text, in dem verschiedene Geschmäcker (z.B. süß, sauer, bitter, scharf) vorkommen – als Ich-Figuren.

Wohl bekomm's

Die Währung der Postmoderne ist die Authentizität. Das ist leicht zu erklären, denn Wert gewinnt, was selten ist, und unverstellte, wahrhaftige, tiefernste Echtheit ist ein rares Gut, wie Gold, Coltan oder Fernsehprominente ohne eigenen Podcast. Besonders im Bereich der Kulinarik herrscht der schöne Schein: Angeblich blitzschnelle, sagenhafte leckere, idiotensichere Auflaufgerichte, die Entstehung dargeboten als optisch appetitliche Vogelperspektiven-Filme, entpuppen sich als geschmacklich verstörend oder einfach elendig fade. Vermeintlich schlichte Fünfminutenwunder verlangen in Wahrheit ein Gewürzregal in Schrankwandgröße und mindestens zwei Küchengeräte, die bis vor wenigen Jahren den Kombüsen einiger weniger Experimentalrestaurants vorbehalten gewesen waren. »Dann den Hokkaido-Kürbis einfach mit dem Quantenverdampfer entwässern und in einer Emulsion aus Quenbong-Samen und mittelscharfem Bisobiso einlegen – fertig! Gutes kann so einfach sein!«

Blogs berichten seitenweise von der reichen Geschichte des jeweiligen Rezeptes. Da wird von der damals jungfräulichen Urgroßmutter in der kasachischen Tundra erzählt, die unter einem Mandarinenbaum ein verwundetes Lamm fand, es vergeblich gesund zu pflegen versuchte, ehe das Tier, inzwischen Eugen getauft, bitterlich verstarb, nicht ohne der guten, aber erfolglosen Samariterin mit einem letzten Blick die Erlaubnis zu seinem Verzehr zu erteilen. Weiter ist zu lesen, dass sich also Mandarine und Lamm, im traditionellen Kupfertopf auf glimmendem Torf langsam miteinander verheiratet, als eine so mundende wie gesunde Mischung entpuppten, dass die 17-köpfige Sippe mit der immer wieder mit Quellwasser und Kartoffelstärke angereicherten Reduktion dieses ersten Eintopfes dem harten Winter trotzte, ehe das Rezept, mit heißer Nadel ins Leder des Spendertieres gestickt, den jeweils ältesten Kindern zur Aufbewahrung anvertraut wurde – bis es nun also, ein Geschenk für die Welt, auf Susis Suppenblog endlich das Publikum findet, dem es so lange verborgen geblieben war. Susi selbst posiert stolz mit Schafsfelljacke und einem Teller der Marke Remember (Link weiter unten, ihr Süßen), und fasst endlich zusammen: Lamm Eugen, das ist eine Haxe, zwei Mandarinen, Liter Brühe, ab in den Sicomatic, abschmecken mit Maggi. Mehr bleibt schließlich nicht als eigentliche Anleitung übrig, und man kann nicht umhin, sich getäuscht zu fühlen.

So nimmt es nicht Wunder, dass sich auch die Gegenbewegung formiert. Speerspitze der »Neuen Kulinarischen Redlichkeit« ist dabei zweifelsohne Cordula Teichert aus Kandel bei Landau, die mit ihrem Buch »Krisengebiet Kochstelle – 100 einfach Rezepte und wie es wirklich ist, sie zuzubereiten« Standards setzt. Im Stile von James Joyce ist ihr Schaffen einem Bewusstseinsstrom, einer minutiösen und ungefilterten Dokumentation der inneren wie äußeren Reise ähnlich, die die Lesendenschaft vom Fassen des ersten Entschlusses (»Ha! Lang nicht mehr gemacht!«) bis zum fertigen Produkt (»Passt schon, satt wird man.«) führt. Ein spektakuläres Bekenntnis zur Ästhetik des Alltäglichen, ein Meilenstein der Demokratisierung des Kochvorganges, weg von blankpolierten Arbeitsflächen, zusammenpassendem Topfbestand, vorportionierten Zutaten in Glasschälchen – hin zu Augenmaß, Substitut, Priorisierung der ausreichenden kaloridalen Ausstattung. Statt der Fiktion des verlässlichen, sauberen, reibungslosen Gelingens zelebriert die Autorin schonungslose Ehrlichkeit; alle Rezepte sind so niedergeschrieben und fotografiert (hinreißend eingefangen vom begnadeten Kriegsreporter Jürgen zu Pantowski-Lüdenkamp), wie sie beim ersten Versuch der Umsetzung ge- oder misslangen.

Beispielhaft sei hier das Rezept »Spaghetti Bolognese« vorgestellt; die Einkaufsliste muss, aus Rücksicht auf das Urheberrecht (G&U, siebte Auflage 2021), geheim bleiben, jedoch können bei genauer Lektüre alle benötigten Zutaten dem Fließtext entnommen werden. Ohnehin, so viel sei verraten, ist es Stilmittel Teicherts, die Anweisungen zu Ingredienzien vage und unvollständig zu halten; so wird die Kreativität im Umgang mit Mangel und Überfluss gleichermaßen angeregt, entstehen neue Rezepte aus Bewältigung von Unwägbarkeiten heraus, tritt der originelle Umgang mit Paprika Edelsüß an die Stelle von immer ausgefalleneren Würzvarianten. Wer noch nie eine Dose Pfirsiche mit einem Glas Apfelmus ersetzte, werfe den ersten Suppenwürfel! Und damit: genug der Vorrede, viel Vergnügen.

So, also nun auf – ist ja kein Hexenwerk. Als allererstes macht man mal einen Topf auf den Herd, den mit dem Deckel, und schön Öl rein. So vier Sekunden Flasche senkrecht, sieht gut aus. Platte an, nicht ganz heiß, aber fast. Beim Hackfleisch ist es wichtig, dass man das beim Metzger kauft, man isst ja nicht oft Fleisch, aber wenn, dann nur gutes. Könnte ich auch gar nicht anders, man ist ja kein Unmensch. Aber wenn das aus guter Haltung ist – ein Gewinn für alle, im Grunde. Da hab ich schon ein Auge drauf. Diese Geschichte dreimal gut einüben, dann ist das Öl gut heiß, jetzt das Hack aus der Plastikschale von Kaufland in den Topf kippen. Knoblauch schneiden, Zwiebeln schneiden, jeweils klein halt irgendwie. Wenn das scharfe Messer grad nicht im Abwasch ist, dann gerne fein, sonst nur kein Stress. Bei der Menge geht das auch nach Gefühl. Zweimal das Brett voll haben, sag ich immer, oder bis man heult plus eine halbe, oder bis man sich dolle schneidet, was halt zuerst passiert. Und dann so viel Knoblauch hacken, bis man nicht mehr mag und das Messer klebt. Jetzt ist ein guter Zeitpunkt, um sich zu erinnern, dass noch die Trennfolie unten am Hackfleisch ist. Trennfolie rausfummeln, Hackfleisch verteilen, Knoblauch und Zwiebeln ran. Alle anderen Zutaten vorbereiten. Tomatendose aufmachen, Topf checken. Zwei frische Tomaten für die Optik schneiden, dabei zerdrücken, muss so. Topf checken. Nicht fertig. Wein entkorken/ aufschrauben/ Tetra anstechen, Topf checken. Nicht fertig. Tomatenmark aus dem Kühlschrank holen, Topf checken. Nicht fertig. Karotten schälen und schneiden, erst ganz gleichmäßig, dann grob, dreimal »Das gibt die richtige Textur« sagen, den vergessenen Rest Sellerie aus dem Suppengrünbünde von letzter Woche schnippeln, Parmesan reiben, Spaghetti aus dem Schrank holen. Topf checken. Öl nachgießen und die schwarz gebrannten Fleischkrümel, Knoblauchstückchen und Zwiebelecken darin verrühren. Bisschen kratzen. Kopf nicken, »Röstaroma« murmeln, dann das Tomatenmark, Salz, Pfeffer, Paprika unterheben, mit Wein ablöschen, so dass es einmal zischt. Wenn jetzt alles in der Küche in bisschen fettig und klamm ist, stimmt die Richtung. Beim alleine Kochen jetzt der Versuchung nachgeben, einen tiefen Schluck direkt aus dem Behälter zu nehmen. Nicht verschließen! So kann der Wein für die Gäste atmen, gleich auf den Tisch damit. Im Topf alles vermengen, Tomaten zugeben. Währenddessen hat man Gelegenheit, sich eine Zutat auszudenken, die man angeblich zugegeben hat, um dem Gericht einen besonderen Kick zu geben. Süßes (Mon Cherie, Sprite, Spekulatius) bietet sich an, aber auch Überraschendes aus anderen Geschmackswelten (Meerrettich, Apfelessig, Kabeljau) kommt in Frage. Später wichtig: nicht lachen. Nun wird das Nudelwasser aufgesetzt. Salz zugeben, Platte voll an. Die Nudelmenge wird geschätzt; danach die geschätzte Menge verdoppeln, nur zur Sicherheit, nochmal vier Nudeln weg, dann wieder neun dazu, ab ins Wasser. Die Bolognesesauce köchelt jetzt auch. Probieren, überraschend uninteressant finden, Salz und Pfeffer dazu, wiederholen. Nudeltopf hochheben, übergelaufenes Salz-Stärke-Wasser mit einem Lappen aufnehmen. Nudeltopf wieder auf Platte. Nach drei Wiederholungen sind die Nudeln fertig. Saucentopfplattentemperatur deutlich reduzieren. Merke: damit eine Bolognese gut wird, muss sie tun, was ein Sattelschlepper tun muss, um sich in der Anschaffung zu rentieren – lange ziehen. Das zu verinnerlichen ist im Grunde das Entscheidende beim Herstellen von italienischer Hackfleischsauce. Ah! Es klingelt an der Tür. Nudeln noch schnell abgießen, Gäste einlassen. Dann servieren wir Sauce, Nudeln und Käse circa 1:1:1, solange der Vorrat reicht, und ergänzen je ein Blatt Basilikum je Teller, das hat man heute. Wohl bekomm's.

Schreibimpuls · Schreibe ein Kochrezept.

Blaue Stunde

Unter immergrünem Himmel:
Rote Fahnen, blaues Licht
Das sich an den hohen Säulen
Des Regierungsamtes bricht
Königsblaue Uniformen
Schwarze Helme und Batons
Blauäugig will einer durch
Blaues Wunder: keine Chance

Wolken ziehen langsam auf
In Abendlila angestrahlt
Während sich der schwarze Block
Tarnung auf die Wangen malt
Durchs Gedränge torkelt einer
Noch ganz blau von letzter Nacht
Ist auf Streit aus. Ihn hat einer
In der Disko ausgelacht

Oxforddunkel ist der Himmel
Als er seine Flasche hebt
(Klares Glas, azurnes Label)
Und sich weit zur Seite lehnt
Schon entlädt sich seine Spannung
Wohl gezirkelt ist die Bahn
Blaue Polizistenaugen
Folgen ihr. Dann fängt es an

Glasgeschoss auf Plastikpanzer
Hartes Holz auf Menschenhaut
Blaue Augen, blaue Flecken
Hier hat sich was aufgestaut
Rotes Blut im blauen Blitzen
Selbst beschworen, oder nicht?
Dass nun auf dem Straßenpflaster
Nicht mehr nur der Mondschein bricht

Helle Panik, dunkle Gassen
Eine rote Fahne weht
Ganz vergessen zu der Säule
Die dem Platz am nächsten steht
Morgens dann, zur blauen Stunde
Habe ich sie dort geseh'n
Scherben, Blut und keine Täter
Was ist nächtens hier gescheh'n?

Schreibimpuls · Schreibe einen Text zur Farbe Blau.

Woran es fehlt

Es fehlt an Phantasie. Es fehlt mir an Phantasie. Kein Statement zur Lage der Welt, kein Aufruf zum Träumen oder Kindsein, keine Klage über die halbgaren, immergleichen Nichtlösungen für echte Probleme. Eine Selbstbeschreibung.

Es fehlt mir an Phantasie, um wirklich produktiv über morgen, übermorgen, die ferne Zukunft nachdenken zu können. Dabei fällt es nicht schwer, die Hard Facts zu berechnen. Das Altern geht vielleicht in medizinischen Schüben vonstatten, numerisch tickt es einfach linear voran. Es zeichnet sich ab, dass es wärmer werden wird und in welchem Tempo, jedes kommende Jahr ist bereit mit Eckdaten versehen. Das Geld wird mehr und ist weniger wert, und auch wenn nicht ganz klar ist, welche Entwicklung die Oberhand behält – von akuter Not ist so bald nicht auszugehen.

Manche Trends sind schwerer zu beziffern. Treibnetze aus Annahmen und Wahrscheinlichkeiten, jeder Knotenpunkt eine Abzweigung, jedes Ergebnis nur Zwischenstopp im Geflecht des Plausiblen, des Möglichen, des theoretisch Denkbaren. Europa zerfällt – oder nicht. Epidemien nehmen zu – oder nicht. Der Krieg kommt näher – oder nicht. Deutschland wächst zusammen, wenn gegen einen Ball getreten wird – oder nicht. Oder wieder. Schon erste tastende Schritte entlang dieser Struktur machen mich schwindelig. Die letzte Sicherheit liegt weit zurück im Jetzt, was wirklich wird, mag schon nach der ersten Kreuzung meinem Zugriff entglitten sein. Ich stecke fest und versuche es von vorne. Am Ergebnis ändert das nichts.

Dann sind da die Dinge, über die sich eigentlich kaum nachzudenken lohnt. Außerhalb der eigenen Kontrolle, für keine noch so gründliche Vorausschau erfassbar, sind da die kleinen und großen Peripetien. Kriege, Krankheiten und Unfälle, wunderbare Zufallsbegegnungen und unverhoffte Chancen. Sie tauchen im Randgebiet des Vorstellungsvermögens als strahlend helle Scheinwerfer auf, plötzlich und blendend, und ziehen die Aufmerksamkeit auf sich, tauchen alles in ihr strenges Licht, neben dem der Rest in noch tieferem Schatten versinkt. Die fieberhafte Beschäftigung mit ihnen ist kein Nachdenken über morgen. Sondern eines über die Neurosen im Jetzt.

Ein Feststecken also in dem, was ist. Und ist es nicht die Gegenwart, dann verbiegt und verzerrt das Gestern den Blick nach vorne. Dinge, die mich begleiten, seit ich denken kann, sind von keiner intellektuellen Disziplin aus der Vision zu verdrängen. Ich werde für immer leben, werde alle vier Jahre das Parlament wählen und dabei in der Kabine meine Ruhe haben, ich werde essen, wenn ich essen möchte, und wenn mich etwas zwickt, dann weiß die Ärztin schon Rat. Weil ich lebe, seit ich denke, wähle, seit ich volljährig bin, esse, solange ich mich erinnern kann, noch immer Hilfe fand, wenn ich sie brauchte. Was immer so geschehen ist, wird wieder geschehen, steht in jedes schiefe Fundament eingeschrieben, auf dem die Gedankengebäude wachsen sollen, und jede Kraft, diese Prämissen zu entkernen, fehlt beim Bau an anderer Stelle. Und nicht einmal das Wissen, dass die Vergangenheit immer dann zerbrach, wenn etwas kippte, das für unumstößlich gehalten wurde, reicht, um mich von ihren Händen zu lösen, die rechts und links als Scheuklappen an meinen Schläfen sitzen. Die Menschen von Pompei wussten nicht, was ein Vulkan ist. Und hätte ihnen wer gesagt, was auf sie wartet, sie hätten wohl gelacht und sich um ihre Einkäufe gesorgt. Und ich? Ein Flüstern im Nacken beschreibt meine Welt, die morgen nicht wirklich anders ist als gestern, nur gefiltert, verchromt, entkabelt vielleicht.

Es fehlt mir an Phantasie, nicht, weil da so wenig davon wäre. Sondern weil sie so viel stemmen muss. Zu viel. In einem, in zwei Jahrzehnten wird so viel anders sein. Ich werde anders sein. Schwächer vielleicht, stärker womöglich, oder beides, je nachdem, was damit gemeint ist. Weiser oder verbohrter. Ruhiger oder endlich panisch. Eine Welt ohne meine Eltern habe ich nie gekannt, eine Welt mit der Person, mit der ich, so es denn sein soll, mein Leben teile, ebenso wenig. Noch nie habe ich mehr als ein paar Jahre die gleiche Tätigkeit als Hauptbroterwerb ausgeübt. Noch nie sind wir mit dem Klima von 2023, 2024, 2030, 2050 umgegangen. Noch nie unter den Bedingungen der politischen Weltordnung gelebt, die aus der jetzigen wird, sie ablöst oder besiegt. Ich werde mich mit Menschen zerstritten haben und andere lieben, die ich bisher nicht einmal kenne. Ich werde Dinge tun, die ich noch nicht beherrsche, und mich fragen, wie ich anderes je geschafft habe. Da ist ein diffuses Glück, Sekundärlicht meines Optimismus': Ich werde besser schreiben, mehr wissen, stolz sein auf Bewältigtes, da stehen Bücher im Regal, voll mit meinen Worten, ich werde geliebt sein. Ich werde das, was ich tue, vielleicht verfestigt haben. Ein Büro, eine Assistenz, die mich denen erklärt, denen ich schon zu kauzig geworden bin. Oder ich habe etwas Neues begonnen, um endlich einmal anzukommen, weil mir jemand einen Grund dazu gegeben haben wird. Ein Büro, das mich beizeiten nach Hause entlässt, weil ich kein moderner Mann sein möchte, der auf Bühnen die große Gleichheit predigt, nur um im ICE 598 von Stuttgart nach Berlin über mein Handy bei den Hausaufgaben zu helfen, nur fürs gute Gewissen. Oder beides geht Hand in Hand? Es fehlt an Phantasie.

Meine Phantasie ist eine schmalschulterige Sherpani, als Jongleurin paralleler Gedanken und Annahmen bestenfalls Amateurin. Sie malt Skizzen und verliert sich in Details, ohne je das große Ganze zu erfassen. Meine Phantasie kann nicht an all diesen Orten zugleich sein, wie ein Bademeister, der alleine einen viel zu großen Strand bewacht, als gleichzeitig alle Schwimmenden von verdorbener Eiscreme gefährliche Magenkrämpfe bekommen. Wohin er auch sprintet, andernorts ertrinkt wer, hilflos, unbemerkt. So sehr ich mich bemühe, einen Bereich der Zukunft mit Leben zu füllen, so sehr schleichen sich da, wo meine Vorstellung nicht konzentriert am Werk ist, Annahmen ein, von gestern und heute, unerkannt, unhintergehbar.

An morgen zu denken, macht mich schwindelig. Wie ein Rechner, dem zu viele Operationen mit einem Mal abverlangt werden, gerate ich ins Schlingern. Jeder Zuversicht meines Bauches wird von meinem Schuldgefühl entgegnet: In einer Welt auf diesem Weg kann nur optimistisch sein, wer an sich selbst zuerst denkt. Die Emotion bleibt unscharf: Die Ängste des Jetzt sind bestätigt oder widerlegt oder immer noch da, begleitet von anderen, ganz bestimmt. Was werde ich dabei fühlen? Entsetzen, Schmerz – Gewöhnung? Das Morgen bietet mir nichts als ein dürres Gerüst. Ich werde aufstehen, die Zähne putzen, etwas trinken. Ich werde alleine sein dabei oder nicht. Ich werde das, was ansteht, zu einem Großteil schaffen und den Rest vertagen. So neu die Welt auch ist, ich werde ihr die meiste Zeit mit Routine in Gleichmut begegnen, ich werde über Dinge nachdenken und das, was ich finde, mit irgendwem teilen. Über ein Gerät empfange ich die Welt und wundere mich über sie, ärgere mich, amüsiere mich vor lauter Hilflosigkeit. Oder einfach so. Mir wird nicht auffallen, wie viele Annahmen von vorgestern längst erodiert, vollständig abgetragen sind, und ich werde die Annahmen von gestern und heute instinktiv für wahr und **unumstößlich** halten.

Und: Ich werde schreiben. Irgendwie.

Schreibimpuls · Schreibe einen nichtfiktionalen Text zu folgender Frage: Wie wird das Leben für dich sein, morgen, in einem Jahr, in 15 Jahren? Was fühlst du, wie es wird? Was weißt du sicher, was kannst du nur hoffen?

Gastautor*innen

*Ich habe noch lange nicht alles gemacht,
was ich machen könnte. — Jay Nightwind*

Wenn das Leben dir Hühner schenkt, mach Eierlikör oder geh demonstrieren

Sylvie LeBonheur

»Dies ist die Auftaktmail zu unserer Schreibwoche für »Rahmen und Reiz«! Ich freu mich, dass du dabei bist :) Es liegt natürlich ganz bei dir, wie viel Kraft und Lust du in der Woche hast!«

Null, Niklas. Null. Letzte Woche wäre perfekt gewesen, da war ich kreativ ohne Drogen. Vorletzte Woche hatte ich Urlaub und richtig gute Laune. Diese Woche ruft das Tierheim nicht zurück, und wenn dann nur, wenn ich nicht rangehen kann, die scheißverfickte Wurzelspitzenresektion hat bestimmt Nervenschäden am Kinn hinterlassen, die mich auf unbestimmte Zeit werden sabbern lassen, und ich habe herausgefunden, dass man von der Straße bis in den Flur schauen und mich sehen kann, wie ich halbnackt nach dem Duschen die Treppe hochhusche, zum Glück hab ich kein Schamgefühl mehr nach drei Krankenhausaufenthalten in zwölf Monaten, Glück im Unglück haha, und jetzt, lieber Niklas, jetzt hab ich die Nacht schlecht geschlafen, nicht etwa weil mir die Katze wieder um fünf Uhr morgens unters Bett gekotzt hätte (war aber nicht der Grund für den Anruf im Tierheim), sondern weil ich Stress habe, weil ich doch keine Ideen habe, weil ich ja gar nix mehr erlebe in meiner selbstgewählten Einsamkeit hier auf dem Land[1], naja, meine Mutter ist in vier Wochen zweimal hingefallen und ich kriege jetzt auf Facebook immer Notfallsysteme für Senioren angezeigt, andererseits kommt auch Werbung für Eistonnen, es ist nie zu spät für eine Hobbykarriere als Fußballspielerin, außer natürlich wenn's zu spät ist, darüber weißt du bestimmt mehr, und jetzt sitz ich hier am Schreibtisch und schreibe eine Stunde lang (noch 50 Minuten übrig, das wird ja lustig), damit ich dir was schicken kann, damit du mir Rückmeldung geben kannst, bestimmt hat irgendjemand schon mal die schlaue Idee gehabt, dir stream-of-consciousness-mäßig auf 'ner Metaebene zu schreiben, ich könnte es recherchieren, aber ich hab ja keine Zeit (ticktock).

Draußen reißt der Wind am Rollladen. Jemand ruft laut nach Alteiseeeeen, und wenn man eine Weile lauscht, hört man die BASF summen, oder Helmut Kohls Geist herumirren. Ein kühler Luftstrom streicht mir über den Rücken, hallihallo.

Niklas, du machst dir keine Vorstellung davon, wie das Leben hier[2] so ist. Jeden gottverdammten Morgen kratz ich Hühnerscheiße vom Gitter des 900-Euro Hühnerstalls, für den ich auf Facebook in einschlägigen Hühnergruppen gehatet würde, weil er Tierquälerei ist, angeblich[3], aber du kennst mich, oder? Niemals würde ich Hühner quälen, und wenn, dann würde ich keine 900 Euro dafür ausgeben, des tät der Schwabe in mir gar ned erlaube. Apropos Schwabe in mir: Diese Woche hab ich mein fünfjähriges Beziehungsjubiläum, das ist die längste reziproke Liebesbeziehung, die ich je hatte, wer hätte es mir zugetraut, die wenigsten, aber ich wusste schon immer, was ich will: Eine Liebesbeziehung, ein Häuschen in fucking Oggersheim mit toller Hausgemeinschaft, Hühnerkackekratzjob und Kotzekatze.

Kotzekatze streicht mir gerade versöhnlich um die Beine; sie hat es nicht leicht, weil sie immer Mäuse fängt, die sie in der Wohnung freilässt, damit sie länger was von hat. Die Mäuse verstecken sich dann in der Küche, unterm Sofa oder hinter der Waschmaschine und tun sich an verirrten Meisenknödeln, halb angebissenen Proteinriegeln und Toastbrot gütlich, und wenn ich die Mäuse nach ein paar Tagen wohlgenährt durch die Wohnung flitzen sehe, dann fang ich sie, setz sie zurück in den Garten, obwohl wir doch viel zu viele Mäuse haben und die Katze auf jeden Fall Mäuse fangen soll, vor allem weil das besser ist als Jungvögel, da flippt der Mitbewohner wieder aus und schickt Weinesmileys durch den Hausgruppenchat und schlägt ein Glöckchen um den Katzenhals vor, als wäre die Katze noch nicht neurotisch genug.

Eben jener Mitbewohner fragte gestern, als ich ihm von meinem aktuellen Schreibauftrag berichtete und er zum Trost selbstgebackene Bananenmuffins überreichte, ob ich dran gedacht hätte, den Text von ChatGPT schreiben zu lassen.

Weißt du, was ChatGPT zu deinem Schreibimpuls ausgespuckt hat? Eine Geschichte über eine Frau namens Emily, die als Kind gern Süßigkeiten aß und davon träumte, ein Café zu eröffnen, dann aber merkt, dass Kuchen dick macht und Clean Food viel bekömmlicher ist und sich bis ans Ende ihres Lebens von Grünkohl und Quinoa mit gegrillter Hühnerbrust ernährt. Also ich sag mal so: Hätte dein Schreibauftrag gelautet, einen Besinnungsaufsatz im Stil einer Sechstklässlerin zu verfassen, hätte ich mit mit Copy-Paste einen schlanken Fuß gemacht. ChatGPT macht mir, was mein eigenes Schreiben angeht, überhaupt keine Angst, denn ich schreibe am liebsten über mich und mein Leben, und zu diesem Thema hat die App nur substanzlose Schmeicheleien auf Lager, die sie garantiert jedem willfährigen Schreibimpulsopfer vor den Latz knallt (»you may possess strong critical thinking skills and an open-mindedness« ehm ja, hdf, wir kennen uns erst seit 5 Minuten, schick mir erstmal ein dick pic, bevor du mich vollsülzt).

Was wolltest du werden, als du Kind warst? Ich hab eine Vermutung, die sich in einer Anspielung weiter vorne im Text versteckt, geht aber niemanden was an, wie unsere kindlichen Sehnsüchte aussahen. Also ich wollte Wellensittichzüchterin oder Bäuerin werden und bin dementsprechend mit den Hühnern im Garten meinem kindlichen Ideal einer erwachsenen Version meiner Selbst recht nahe. Hühner sind zwar nicht bunt, jedenfalls nicht unsere, die sind weiß und hässlich wie die Nacht, dafür legen sie jeden Tag ein Ei (was vermutlich kein normaler Wellensittich machen würde, bless their souls).

Inzwischen ist es fünf Uhr morgens. Ich gebe zu, ich hab eine Pause eingelegt, in der ich laut Fitness-Smartwatch zuerst über achttausend Schritte zurückgelegt und dann vier Stunden mäßig geschlafen habe. Eigentlich gehe ich gern früh ins Bett, der Schlaf vor Mitternacht ist der wichtigste, pflegt meine Patentante zu sagen, weil der schön mache, und sie ist auch eine sehr attraktive Frau, trotzdem war ich eine Eule vor dem Herrn, bis alles sich änderte, wie es das eben tut im Laufe einer Existenz, manche schwören den Süßigkeiten ab und begraben ihr altes fettes Selbst unter einem Haufen Steckrüben, andere stellen ihre Schlafgewohnheiten um, nicht wegen Hässlichkeit, sondern wegen der Hühner und einer aufmerksamkeitssuchenden Katze. Bananenmuffins finde ich einen ausreichend guten Kompromiss zwischen süß und gesund; ich persönlich hätte noch Rum in den Teig, aber im Zweifelsfall nehm ich, was ich kriege.

1   Streng genommen lebe ich in Stadtrandlage, aber es kommt einem nach 10 Jahren in Mannheims Innenstadt wie die Uckermark vor.
2   In Oggersheim in einer Hausgemeinschaft
3   Der Hersteller des besagten Hühnerstalls klingt wie ein missglücktes Spiegelei, aber in falsch geschrieben; ich möchte es nicht mysteriöser machen als es ist, aber wer eine Tierhaltergruppe auf Facebook kennt, der kennt sie alle und wird verstehen, warum ich mich hier nicht angreifbarer machen möchte als unbedingt notwendig.

Schreibimpuls · Schreibe einen Text, in dem jemand etwas Überraschendes lieben und etwas anderes hassen lernt.

KANTATE DER PRIVATEN RAUMFAHRT

Jonathan Löffelbein

ARIE
die schale stahl
dass sie den kopf vorm platzen schützt
dass der kopf eiern gleicht
vom draußen ausgesogen werden will
ist nur der zwang unsrer physik
diese luft ist leer und
ein atemzug am rande des alls
ist versuchung
bloßes spiel
in meinen lungen sternenstaub und
durch die venen wabern eure ahnen
in den schwarzen löchern
will ich mich versenken
und aus den sternen steigen
die lichter toter riesen trinken

REZITATIV
wie schwebt es sich dort oben jeffrey
dass dein kopf dem mond gleicht
kann kein zufall sein
schaust du auf uns herab
oder siehst du nur dein spiegelbild
im raketenfensterglas jeffrey
ab wann darf ich mit dir fliegen
sind 36 millionen denn genug
ich hab an dem tag einen termin jeffrey

können wir verschieben oder reicht dir zoom
wenn die verbindung stimmt jeffrey
darf ich dann die erde sehen
wenn die verbindung stimmt
abgeha

ARIE
von den milchgeschmückten wänden
klingt musik in fremden stimmen und
dort drüben zieht der halleysche komet
wie neu geboren fühl ich mich
auf meiner stirn glänzt ein sekret
es riecht nach weiten hallen und
ein goldner apfel liegt in meinem auge
jetzt schält sich aus dem schwarzen vorhang
die erde vor
sie tritt als blaue sonne auf
ich hebe meine hand sie ist
kaum daumengroß
ich lache

REZITATIV
ckt so klingt es jeffrey und
ich frag mich was du siehst
ein marsmensch winkt ins nichts und
ruft nach alten göttern
an den rändern bröckelt ein planet
doch im weltall hört dich niemand geld verdienen
und irgendwo hinterm mond
lauert schwerelos die guillotine
sie ist hungrig jeffrey
du bist so mündig jeffrey
bist du nicht müde jeffrey

leg deinen kopf auf dieses kissen
fall in einen traum wie beile fallen
und jetzt schwebt dein kopf
in ewigkeit durchs all
ein meteor für uranus oder saturn
wohin auch immer es dich treibt

CHORAL
und während du zum urknall gleitest
sieht man vom mond in der ferne
einen roten punkt auf der erde
da brennt deine inspiration jeffrey
druck mir ein lächeln auf die box jeffrey
jeffrey oh jeffrey du challenger des marktes
reich mir deine unsichtbare hand und
nimm mich mir und gib mich ganz zu eigen dir

Schreibimpuls · Schreibe einen Text, dessen Inhalt und dessen Darbietungsform aus zwei völlig verschiedenen Zeiten stammen.

Zu Besuch

Josephine von Blueten Staub

Vater wartet schon, ich sehe ihn in der Einfahrt stehen. Hände in den Jackentaschen vergraben. Er steht irgendwie steif da. Wie immer stinkt er nach Parfum. Den Unterschied zu Aftershave habe ich nie verstanden. Vielleicht riecht er nach beidem. Obelix, der als Kind in den Aftershave-Parfumtopf gefallen ist. Seine Haare sind weiß geworden und da sind mehr Furchen um die Augen. Er sieht zerknittert aus. Um Jahre gealtert. Wie lang ist das letzte Treffen her? Ein Jahr? Der Zwinger neben der Einfahrt ist leer.

Wo ist Stella? Vater bleibt stehen. Sie war alt. Hab ihr 'ne Kugel in den Kopf gejagt. Faltengebirge in seinem Gesicht. Donnerndes Lachen.

Du hättest dein blödes Gesicht sehen müssen. Er kriegt sich kaum ein. Weil ich nicht mit einstimme, will er mir durch einen Kniff in die Seite ein Lachen abnötigen, aber ich bin schneller als früher und entweiche seinen groben Fingern. Ey, Zicke, sagt er in diesem Hab-dich-nicht-so-Tonfall. Ich reagiere nicht. Sein Gesichtsausdruck versteinert, dann dreht er sich um, einfach so, und schreitet, als wäre er von einer anderen Macht gesteuert, zum Haus, lässt mich in der Einfahrt stehen. Einatmen, ausatmen. Das ist alles nur in meinem Kopf. Zweimal denke ich das, fühle ich das. Dann folge ich ihm, ducke mich unter die ausladenden Fichtenäste hindurch, die den Weg blockieren mit ihren stacheligen Nadeln. Vater wartet im Eingang des Wintergartens, er steht in der Tür, noch immer kann man die strenge preußische Erziehung, die er genossen hat, an seiner Haltung erahnen, aber längst ist sein Rücken nicht mehr so aufrecht wie einst, ich bin mir sicher, es ist das Alter. Ich zwinge mich zu einem Lächeln. Er hält mir die Tür auf, gute Schule, erwidert meine Mimik, ein schmerzliches Lächeln, er bittet mich hinein. Aus der Blumenvase im Fensterbrett fingert er den Schlüssel für die eigentliche Haustür.

Wir mussten sie einschläfern lassen, sagt Vater, mehr zur Tür als zu mir. Grobe Finger, grober Schlüssel. Ich denke an eine Gartenlaube bei seinem Klackern im Schloss. Beim Reinkommen stoße ich mich fast am präparierten Elchkopf, der in Schulterhöhe links vom Durchgang zur Küche angebracht ist.

Warst lang nicht mehr hier, was, kommentiert Vater und verschwindet in der Küche. Ich höre ihn poltern und sehe mich um. Jedes Mal wird mir kalt, wenn ich das Haus betrete. Es riecht nach vergessenen Träumen und spätabendlichem Jazz. Vieles ist noch so wie in meiner Erinnerung. Auf der Schuhkommode unter dem Elch: der Marder, die Schneeeule, daneben ein Stapel bunter Werbeprospekte. Das Bärenfell an der Wand gegenüber. Das Zebrafell als Läufer am Ende des Flurs. Der Wildschweinkopf im Durchgang zum Wohnzimmer. Die Tierköpfe aus Afrika (Im-pa-la! Har-te-beest! Dig-dig! Oryx! Rieke, du Trantüte, hast du denn gar nichts gelernt?) sind verschwunden. Ersetzt durch Kunstdrucke in kitschigen Goldrahmen. Naturmalereien, ein Moor mit Fasanen, Felder mit Hasen, eine große Eiche. Vater kommt aus der Küche mit dem Wasserkocher in der Hand. Wo sind die Antilopen hin, frage ich.

Komm, ich zeig dir meine neue Jägerhütte. Er stellt den Wasserkocher auf den Esstisch im Wintergarten und geht voraus in den Garten. Zwischen den hohen Fichten am Rand des Grundstücks sehe ich die neue Hütte, ein kleines Holzhäuschen wie eine Miniatur des eigentlichen. Drinnen riecht es nach Holz und Staub. Die vermissten Tierköpfe hängen in Reih und Glied über der Bierzeltgarnitur. Daneben eine antike Repetierbüchse, eine Federzeichnung von einem Fasan und ein alter Dolch, der ein Hakenkreuz über dem Griff eingraviert hat. Ich hüte mich, das Objekt zu kommentieren, die Stimmung wäre im Arsch. An der anderen Wand ein Schwarzbärenfell, unter der Decke verschiedenste Geweihe, von Rehböcken und großen Hirschen, da der 16ender, den Vater vorletztes Jahr in Polen geschossen hat. Er sucht auf seinem Telefon nach dem Beweisfoto, das Evelin von ihm und dem Tier nach dem Erlegen aufgenommen hat. Am Kopf der Sitzgruppe steht Vaters alter Schreibtischstuhl. Darüber das Grizzlyfell. Flüchtige Erinnerung, wie ich in Vaters Arbeitszimmer darauf lag und mich ankuschelte.

Komm, jetzt trinken wir Kaffee, sagt er, nachdem er mir ein Lob für Hütte, Einrichtung und Trophäen abgerungen hat. Wir setzen uns in den Wintergarten, in dem sich alles abspielt, seit Vater ihn vor einigen Jahren hat anbauen lassen, weil die kleinen, dunklen Räume des Hauses nie warm zu werden scheinen. Es gibt Instant-Kaffee und Kuchen von der Tankstelle. Er rührt lautstark in seiner Tasse. Er ist immer laut mit allem was er tut, genau wie ich. Das sind wohl die Gene. In seinen groben Fingern wirkt der Silberlöffel wie Puppengeschirr. Wie er mit solchen Händen Herzen operiert hat, ist mir ein Rätsel. Er sitzt mit dem Rücken zum Kamin, am Kopf der Sitzgruppe und unterhält mit Geschichten von abenteuerlichen Tauchgängen, die er in Ägypten, auf den Galapagosinseln und im Steinbruch vor der Stadt hatte. Raumgreifende Gesten, die Wangen vor Aufregung rot, er redet sich in Rage, benimmt sich wie ein Vorschulkind, das keinen Mittagsschlaf hatte. Ich bin nämlich Masterdiver, das ist der höchste Rang, den man beim Tauchen erreichen kann. Gehaltvolle Pause. Ich sehe an ihm vorbei in den Garten. Im Augenwinkel seine Haltung, leicht vorgebeugt: das Alter, das ihn krümmt, oder die Erwartungshaltung?

Ich weiß, das hast du mir bereits erzählt, sage ich. Er zuckt zusammen, als wären meine Worte ein Arschtritt gewesen. Aber hast du schon meinen Masterdiver-Schein gesehen? Aufgesetzter Enthusiasmus in der Stimme. Wackeliges Krächzen, das ihn verrät. Er überhört meine Antwort und fingert aus der ledernen Geldbörse das Papierheftchen raus. Guck, da. Masterdiver. Und hier die Tauchgänge, die ich gemacht habe. Der Zettel ist eine Mischung aus Reisepass und Impfausweis, Stempel und Unterschriftenkürzel in einer Tabelle eingetragen.

Willst du noch ein Stück? Er wartet meine Antwort nicht ab, spießt mit seiner Gabel ein weiteres Stück Tankstellenkuchen auf und lässt es auf meinen Teller plumsen. Krümel rollen über den Tisch. Ich mag eigentlich nicht mehr.

Jammer nicht rum. Es wird gegessen, was auf den Tisch kommt. Ich blicke nach draußen, in den Garten. Zwischen dem Pflaumen- und Apfelbaum trocknet auf einem Holzgestell ein Wildschweinfell in der Sonne. Eine Krähe segelt daran vorbei und landet auf dem Baumstumpf neben dem Fischteich. Sie blickt mir direkt in die Augen.

Jetzt iss deinen Kuchen, Kind, du brauchst mal etwas mehr auf den Knochen, so eine dürre Zicke wie du bist! Ich habe keine Lust auf einen Streit und klaube mit der Kuchengabel eine Ecke ab.

Und wie geht es deiner Mutter, fragt er dann und seine grauen Augen glänzen voll Hoffnung.

Gut geht's ihr, viel zu tun in der Praxis, glaube ich, hab sie ewig nicht gesehen.

Du solltest deine Mutter öfters besuchen fahren!

Ja, aber – Nichts aber, unterbricht er mich, ich bereue heute, dass ich meine Eltern nicht öfters besucht habe. Jetzt im Alter merke ich, wie das ist, die eigenen Kinder kommen nur noch ganz selten. Ich nicke und kaue auf dem trockenen Kuchen herum.

Und sie hat jetzt einen neuen Freund, hab ich gehört?
Wo hast du das gehört?
Das singen die Spatzen von den Dächern. Ich winke ab, dann geht mein Blick zur Uhr. Die Fragerei geht mir auf die Nerven. Jetzt sag doch mal, stimmt es? Der ist Klempner, oder? Ich verdrehe die Augen. Nein, Zahnarzt, sage ich. Vater grunzt verächtlich.

Als ich schließlich fahre, steckt er mir zum Abschied noch zwei Fünfziger zu. Für den Sprit, sagt er und gibt mir eine unbeholfene Umarmung, die mehr drückt, als dass sie wärmt. Sein Aftershavegeruch klebt die gesamte Heimfahrt über an mir.

Schreibimpuls · Schreibe über einen Ort, der dir etwas bedeutet, und verwende dabei mindestens einmal das Stilmittel der Synästhesie (eine Sache mit dem »falschen« Sinn wahrnehmen – Töne schmecken, Farben hören etc.)

Gut soweit

Yannik Sellmann

Wie es mir geht, Rüdiger? Das willst du jetzt wissen? Rüdiger, du bist der Ex-Mann meiner Großtante, ich weiß nicht, warum du überhaupt zum »engen Familienkreis« gehörst, der mir hier angekündigt wurde, aber hey, natürlich sag ich dir, wie's mir geht, Rüdiger, kein Ding, setz dich hin, mach's dir gemütlich, lass dir 'nen Tee durchziehen und hör zu.

Es geht mir prächtig, Sportsfreund. Rüdiger, du zwischenmenschliche Rakete, ich könnte schreien vor Freude. Ja, wir haben hier gerade alle zusammen meine Oma beerdigt, ich weiß nicht, ob du das mitbekommen hast. Die war die Tote in dem Sarg, Rüdiger. Kannste dich erinnern? Diese Box aus Holz mit dem menschlichen Körper drin, der mir jetzt nie mehr morgens aus »Nulli und Priesemut« vorlesen kann, weil leider jegliche lebenserhaltenden Funktionen vor einer Woche aufgegeben haben? Weißte noch, als wir da alle 'ne Schippe Erde draufgeballert haben auf die Holzbox? Und dann hier in diese Bar gegangen sind und du auf mich zukamst und mit einem strahlenden Lächeln gesagt hast: »Bastian, altes Haus, wie gehts?«

Ich heiße Yannik, Rüdiger. Wir haben uns einmal gesehen, bei der Hochzeit meiner Cousine – weißte noch? Zwei Wochen nachdem du meine Großtante nach ihrer Hüft-OP mit ihrer eigenen Physiotherapeutin betrogen hast, Rüdiger? Kannste dich erinnern an die Hochzeit, Rüdiger? Dass du besoffen in den Brunnen gepisst hast und dann mit halb eingepacktem Schwanz laut »Weiß der Geier oder weiß er nicht« durch den Garten geplärrt hast? Da hab ich mir schon gedacht, Mensch, der Rüdiger, das ist 'n

Freund fürs Leben, der hat sich ja richtig im Griff. Freu mich wirklich, dass du hier bist, Mensch. Genau der richtige für so'n zünftigen Leichenschmaus-Smalltalk.

WIE ES MIR GEHT RÜDIGER?!?

Ne gut. Echt. Auch abgesehen von dieser kleinen Geschichte mit dieser einen toten Oma da läuft es super. Rüdiger, ich könnte strahlen vor Freude. Ich habe gestern ein Bier getrunken. Das war lecker. Und dann habe ich noch eins getrunken. Rüdiger, ich habe gestern sehr viele Bier getrunken und die Tage davor auch. Auch da habe ich das ein oder andere Bier in meinen Hals reingemacht, Rüdiger. Weißte auch warum? Weil es mir richtig gut geht. Rüdiger.

RÜDIGER ICH KÖNNTE SCHREIEN VOR FREUDE!

Ne, danke auch, dass du fragst. Ich reflektier sowas ja auch gerne sofort. Weißt du, Rüdiger, ich setz' mich ja gerne hin und hinterfrage aus dem Stehgreif meinen Geisteszustand und Alkoholkonsum. Rüdiger, weißte was, jetzt wo ich drüber nachdenke, ist Trinken ja gar kein so guter Reflex, um mit dem Tod der eigenen Oma umzugehen.

DAS WÄRE MIR JA OHNE DEINE NETTE NACHFRAGE NIE AUFGEFALLEN!

Rüdiger, jetzt wo ich drüber nachdenke, hab ich dich doch schonmal getroffen vor der Hochzeit meiner Cousine. Hast du mich nicht mit 18 mal in die Schulter geknufft und »unter uns Männern« gefragt wie oft ich denn schon gefickt hätte? Du hattest da so ne Dose Becks in der Hand und hast nach Bifi Roll ausm Mund gestunken, richtig ekelhaft.

DANKE, DASS DIESE ERINNERUNG JETZT WIEDER DA IST, RÜDIGER!

Rüdiger, ich muss dir auch danken, du lenkst mich hier wirklich effektiv vom Trauern ab. Man geht ja auch auf ne Beerdigung für solche Begegnungen wie diese hier, Rüdiger. Rüdiger, ich höre von hier, wie am Tisch dahinten lustige Geschichten über meine Oma erzählt werden und die Leute lachen und anfangen, den Tod positiv zu verarbeiten.

GUT, DASS WIR STATTDESSEN
HIER AN DER BAR STEHEN!

Es geht mir wirklich blendend, Rüdiger. Und dadurch, dass du mir hier auch gar nicht wirklich zuhörst, sondern der Bedienung viel zu offensichtlich auf den Arsch schaust, merke ich auch, dass dich das wirklich interessiert. Rüdiger es geht mir gut, was soll ich sagen. Rüdiger, du lässt mich strahlen. Wut macht ja auch sexy, Rüdiger.

UND ICH LAUF GRAD RICHTIG HEISS!

Rüdiger, ich find's auch richtig schön, dass wir uns jetzt mal aus der Nähe kennenlernen. Ich wusste zum Beispiel bis eben gar nicht, dass man zu 'ner Beerdigung auch ein Ed-Hardy Shirt und Jeans mit Nieten dran tragen kann. Geschmackvoll, Rüdiger, standste bestimmt lange vorm Spiegel. Rüdiger, Haargel muss nicht tropfen, ne? Kann aber anscheinend! Steht dir abartig gut! Du hast doch bestimmt so 'n Facebook-Profilbild, wo du mit 'ner Omega-Sonnenbrille auf 'nem Motorrad sitzt und drunter steht, du wärst auf die »Schule des Lebens« gegangen! Und dein Lieblingscomedian ist doch bestimmt Atze Schröder. Mit seiner rassigen Perücke und den Ruhrpott-Marotten. Nee, der ist frech. Und sagt mal noch, was er denkt! Richtig so! Weißt du, ich find Atze Schröder auch gerade echt gut. Und weißt du auch warum?

WEIL ER MICH NICH GEFRAGT HAT, WIE'S MIR GEHT!

Also Rüdiger, fassen wir zusammen – es könnte besser sein. Rüdiger, wir kennen uns ja auch lange genug jetzt, damit ich dir sagen kann – eigentlich gehts mir nicht wirklich gut. Könnte an der Leiche namens »Ulrike« liegen, die in zwei Kilometer Luftlinie frisch verbuddelt die Regenwürmer husten hört, aber ich bin ehrlich, Rüdiger, es liegt vor allem an dir. Rüdiger, ich würde unseren Beziehungsstatus gerne wieder auf »Fremde« zurückstufen. Nee, nichts gegen dich, aber wenn die abgeranzte Tankstellentoilette am Autobahnkreuz Dortmund-Kurl 'ne Person wäre, das wärst du. Nichts für ungut, aber ich würde jetzt gerne zu meinen beiden Schwestern gehen, die seit 20 Minuten in der Ecke stehen und weinen. Weißte, wegen der toten Oma halt. Weiber, WA?!?

NICHT WAHR RÜDIGER, SO SIND DIE HALT, NE?!?! IMMER SO EMOTIONAL EBEN!

Rüdiger, machen wir's kurz.

ES GEHT MIR GUT, DU BLÖDES ARSCHLOCH

Und wenn dich jemand fragt, wie's Yannik geht, sag ihnen einfach, Basti ist in Topform!

Schreibimpuls · Nimm ein typisches Smalltalk-Thema viel zu ernst.

Ruhe und Ordnung, Recht und Gesetz, Knüppel und Knast — Lärm und Orgasmus, Liebe und Zuwendung, Stirnkuss und Rücken

Jonas Galm

Woran ich mich erinnern kann: Wie wir von Opel-Tobi durch die Stadt gejagt wurden, uns hinter den Mülltonnen verstecken mussten. Wie wir uns durchgehend gefragt haben, wieso sich ein erwachsener Mensch so leicht provozieren lässt –

Ich kann das verstehen. Das Pöbeln, das Rasen, das Saufen, ich kenne das – fast: das exzessive Explodierenwollen, das Kaputtmachenmüssen zu egal welcher Tageszeit.
Ich kann das verstehen. Das Grölen, das Kochen, das Raufen, ich kenne das – beinahe: das eruptive Häutenmüssen, das Alleseinstampfenwollen zu egal welcher Tageszeit.

Ich habe wenig davon in mir – ich bin wahrscheinlich sehr deutsch, sehr Bürgertum – ich nicke Autoritäten zu.
Man erzählt sich: ich war immer
ein leiser Rebell, Flaneur mit strengem Blick auf die Bastille, ich fragte die Obrigkeit,
ob sie sich nicht infrage stellen wolle:
Ich habe da etwas vorbereitet.

Ich kann das verstehen:
das Ducken und Zaudern und Hadern – in Frankreich streikt man und es brennen werktags die Mülltonnen, in Deutschland

füllt man die entsprechenden Anträge frist- und sachgemäß
aus, vorausgesetzt
der Chef gibt mir frei dafür – Ich kenne das:

Ich klaue nicht gern,
mehr aus sozialer Scham im Moment der Entblößung
denn aus Moral oder Schuldbewusstsein.
Ich korrigiere die Kommafehler
in revolutionären Brandreden,

ich lasse mich während meiner Schicht als Lieferfahrer
einer Restaurantkette
mit 54 km/h, wo nur 50 erlaubt sind, blitzen. Ich hebe den
Bußgeldbescheid auf,
er ist mein WANTED-Zettel-Zeugnis
meines Widerstands, Artefakt der Rebellion,

ich weiß nicht mehr, was uns an Tobi gereizt, ihn zu
unserem, uns zu seinem Ziel gemacht hat. Ich weiß noch ein
Namensschild im Nummernschild-Stil in Tobis Kofferraum.
Dass er hochrot reagierte auf die drei Pubertierenden, die sich
Tobi, Tobi! rufend lasziv am Straßenschild am Rand der Kreuzung vergingen, einzig, um Tobi endlich toben zu sehen –

ich kenne das: das Provoziertwerdenmüssen
bevor etwas passiert.
Ich wär gern – stattdessen – Symbol eines Widerstands
von Kultur aus, kratzig und unangepasst, kantig und
unbequem. Bin ich nicht.
Ich forme mich um, passe mich an, ich wachse und
schrumpfe. Ich lasse den Kopf
in der Sonne liegen. Zunächst

bin ich der Leguan, der Terrarien schwierig findet.
Zunächst schweigt mein Körper –
ich bringe mich nicht in Gefahr.

Ich suche nach meiner Sprechposition und beginne
das Aufsammeln der Spuren,
die Armut und das Privileg. Sommerurlaube und Brockhausbände
im Beamtenhaushalt, helle Zimmer
und die ALG II-Kanditatur. Die Fremdheit der Codes
in gehobenen Restaurants,
in weißen Häusern aus Marmor und Glas.

Ich will gar nicht das regulative Spiel der manierlichen
Höflichkeit spielen – scheißt dem Hofadel gern ins Revers –
dessen Regeln
uns nicht gehören, keinem von uns,

– ich kann das verstehen: das sture Verweigern freundlicher
Erklärungen,
das Praktizieren, das Fressen und Auskotzen der Höflichkeit
zugunsten der Kotze
und ihrer Echtheit. Zugunsten der Utopien. Lang lebe der
Trash, noch länger
die große Verweigerung –

ich kann den Schmutz und den Trotz und
das Lärmen und Saufen und sich weit Danebenbenehmen
als politische Praxis lesen – hilflos in seinen tradierten
Formen von Männlichkeit, subversiv

als das Zeigen (sich und einander, nie euch) und Sprechen,
das Sein
als die Zuflucht nach vorn
das Fluchen und Ficken und Furzen und Scheißen
und Rauchen und Zündeln und Schmatzen und Spucken
das endlose Überleben und Flexen
aller Flaneusen weltweit,

ich habe wenig davon in mir: vom Schrei, der hinauswill –
hinaufwill – vom politischen Körper,
ich genieße die Ruhe.

Ich habe mich mit dem, den ich für den Feind hielt
(der hochrote Tobi) nicht verbrüdert noch offen bekriegt, bin
lieber weggerannt, hinter Mülltonnen gesprungen,
die neue Welt
beginnt hinter Mülltonnen singt sie, unhörbar –

Was jetzt. Ich weiß nicht.
Fest steht: Some die young. Some drive Opel.
Der Rest besitzt Wohnungen.

Die große Verweigerung beginnt vielleicht damit, das Altglas,
laut singend, an einem Sonntag einzuwerfen –
zu hoffen, die Richtigen wütend zu machen.

Lang lebe die Ruhestörung.

Schreibimpuls · Mache beim nächsten Gang durch
die Stadt ein Foto von einem Auto, das dir auffällt.
Schreibe dann einen Text, in dem dieses Auto zu
schnell unterwegs ist.

To Do Liste

Elias Hirschl

- ~~Aufstehen~~
- ~~Kaffee machen~~
- ~~Kaffee trinken~~
- Duschen
- ~~Essen kochen~~ und für morgen vorkochen
- Joggen gehen
- Dich bei Mama melden
- ~~Mehr Kaffee trinken~~
- ~~Arbeiten~~
- Versicherung anrufen
- Pünktlich schlafen gehen
- ~~Aufstehen~~
- ~~Kaffee machen~~
- ~~Kaffee trinken~~
- Duschen
- Joggen gehen
- ~~Mehr Kaffee trinken~~
- Arbeiten
- ~~Nervös zittern~~
- Mama anrufen!
- Versicherung anrufen wegen der Mahnung!!
- Keinen Kaffee nach 16 Uhr mehr trinken
- ~~Kaffee Trinken~~
- ~~Kaffee Trinken~~
- ~~Kaffee Trinken~~
- SCHLAFEN!
- ~~WACH BLEIBEN!~~
- ~~Aufstehen~~
- Heute mal keinen Kaffee trinken!

- ~~Kaffee trinken~~
- Produktiv sein!
- Joggen gehen!
- Versicherung, Mahnung, andere Mahnung, Mama etc.
- ~~Nervös am Tisch sitzen ohne einen Finger zu rühren, außer das Zittern das ständig durch die Finger geht~~
- ~~Mehr Kaffee trinken~~
- Kaffee kaufen
- ~~Keinen Kaffee trinken, aber nur weil du vergessen hast welchen zu kaufen~~
- ~~Mate trinken!~~
- ~~Schwarztee trinken!!~~
- ~~Cola trinken!!!~~
- Mama zurückrufen
- Versicherung zurückrufen
- Mahnungen!! RECHNUNGEN ZAHLEN!!!
- ~~MATE MIT COLA UND SCHWARZTEE TRINKEN!!~~
- ENTSPANNEN!!
- TIEF DURCHATMEN!!
- ~~PANISCH HYPERVENTILIEREN!!!!!!~~
- Um 3 Uhr morgens beim einzigen noch offenen Supermarkt am Bahnhof Kaffee kaufen!!
- KAFFEE TRINKEN!
- Weinen
- Hyperventilieren, Hyperventilieren, Hyperventilieren!
- Panisch Hyperventilieren!
- Versicherung anrufen
- Den Punkt »Versicherung anrufen« auf der To-Do-Liste durchstreichen, obwohl du die Versicherung gar nicht angerufen hast, aber vielleicht bringt es ja was, vielleicht fühlst du dich dann motivierter, vielleicht fühlst du dich kurz so, als hättest du etwas erreicht, irgendetwas produktives getan, um in einem Leben weiterzukommen,

einfach irgendwas, ein kleiner schwarzer Strich, der dir sagt, dass du nicht wertlos bist
- Mama anrufen
- Mama nicht erreichen
- Mama auf die Mailbox weinen
- Mama nochmal anrufen
- Mama live ins Telefon weinen
- Tief durchatmen
- Tief durchatmen
- Tief durchatmen
- Schlafen
- Aufstehen
- In Zukunft einfach nicht mehr »Kaffee trinken« auf die To Do Liste schreiben
- Einen kleinen Schritt geschafft haben
- Noch einen kleinen Schritt geschafft haben
- ~~Tief durchatmen~~
- ~~Diesen Punkt hier durchstreichen~~
- ~~Diesen Punkt hier durchstreichen~~
- ~~Diesen Punkt hier durchstreichen~~
- Alles wird gut

Schreibimpuls ·
Schreibe dir sechs Textgattungen auf und nummeriere sie.
Schreibe dir sechs Themen/Stoffe auf und nummeriere sie.
Schreibe dir sechs Emotionen auf und nummeriere sie.
Würfle nun drei Mal – und schreib' einen Text, der die erwürfelte Gattung, das Sujet und die Stimmung verbindet.

Die Nacht am Fluss

Malin Lamparter

Die Hitze des Tages liegt drückend
Über den Wiesen des Tales.
Die Dunkelheit fasst alle Farben der Blumen
Selbst der Flieder erscheint grau und fahl.

Die Vögel verstummen ermattet
Den Grillen ist heute zu warm
Die bleibende Schwüle macht Tiere und Menschen
Schwerfällig, müde und lahm.

Doch horch! Was dringt durch die Stille?
Kein andrer, der so gluckernd lacht.
Mein Liebster! Mein Liebster! Das sind seine Schritte!
Mein Liebster kommt jede Nacht.

Mein Liebster hat glänzende Augen
Die rosigen Lippen stets feucht
Die Haare verwuschelt, ein Muster das fröhlich
Den Wegen des Stromes gehorcht.

Betritt er den Raum, erfüllt eine Frische
Die Luft, der Wind riecht so klar.
Und küsst er mich schmecken die Lippen fast salzig
Nein, süßlich und wunderbar.

Mein Liebster hat kräftige Hände
Die Umarmung voll Begehren und Halt
Und wenn seine Hand die Meine berührt
Wird mir so merkwürdig kalt.

Dann will in mir ein Feuer erlodern
Ein Feuer gewaltiger Macht
Ein Feuer, das züngelt und wärmt und zerreißt
Die Umarmung des feuchtkalten Nass.

Doch mit einem Gluckern der Kehle
Verschwindet die wütende Glut
Ein Kuss füllt die Lungen
Bin schon tief durchdrungen
Von der liebenden Sehnsucht der Flut.

Es verrutscht mir das Herz, es zittern die Knie
Der Kopf vor Liebe fast krank
Mein Liebster trägt Schönheit und Wildheit und Tiefe
Des Flusses in dem er ertrank.

Schreibimpuls · Schreibe einen Text, in dem mehrere Sinneseindrücke in Widerspruch zu stehen scheinen.

zum beispiel

Lukas Diestel

wenn man eine geschichte schreiben will, braucht man meistens irgendwas, das passiert. und meistens irgendeine person, der die sache passiert. und im besten fall vielleicht einen ort, an dem die sache passiert. nett ist immer auch ein konflikt. innerer oder äußerer, je nachdem, was man gerade so da hat. und man braucht eine perspektive, mit der man das alles betrachten kann.

man kann davon natürlich auch sachen weglassen, aber dann ist es schwieriger.

klar kann man zum beispiel schreiben: am stadtrand, da steht ein kleines haus. aber, und das ist das problem, wenn man eine geschichte schreiben will, dann tun sich eigentlich sofort fragen auf. zum beispiel: wer wohnt da überhaupt, oder: wer hat das haus gebaut, wie ist es dahingekommen? ist das grundstück überhaupt als baugrundstück im grundbuch eingetragen? dann kann man schreiben: nein, da wohnt niemand und überhaupt, vielleicht schreibe ich ja gerade eine geschichte, um mich ausnahmsweise mal nicht mit dem bauamt herumzuschlagen. die können mich mal, die leute vom bauamt.

trotzdem stellt sich die frage: was soll das haus da? was passiert da? klar, dann kann man schreiben: da passiert nichts, was soll da schon passieren. da ist halt ein kleines haus, das steht da am stadtrand, und überhaupt, was geht es dich denn an.

dann sind die leute unzufrieden. dann heißt es, das ist doch keine geschichte. dann kommt man relativ schnell zu der erkenntnis, es wäre besser gewesen, man hätte den satz mit dem haus am stadtrand nie geschrieben. gut, dann löscht man den satz wieder, dann ist das haus erstmal wieder weg. problem gelöst.

aber das problem, wenn man eine geschichte schreiben will, ist ja eigentlich, dass man im grunde genommen alles einfach aufschreiben kann, und dann ist es erstmal so.

wenn man zum beispiel schreibt: »hier ist jetzt zum beispiel mal sandra und sandra ist von mir aus auf dem weg zu einem vorstellungsgespräch«, dann hat ja niemand einen guten grund, das anzuzweifeln. dann ist das so. aber fragen tun sich natürlich auch da wieder auf. im schlimmsten fall sind es nicht mal verständnisfragen, sondern tatsächliches interesse. oh, ein vorstellungsgespräch, wo denn?

und das ding ist, woher soll ich das wissen? ich kenne sandra überhaupt nicht. ich weiß genauso viel über sandra wie ihr. klar, da gibt es auch wieder einige tricks. wir können ja sandra selbst fragen.

dann schreibt man, nur mal zum beispiel, sie wartet an einer bushaltestelle und hat so eine mappe mit ihren bewerbungsunterlagen in der hand und sieht insgesamt ein bisschen angespannt aus. und jetzt könnten wir ja mit sandra in einen dialog treten. aber das ist auch nicht so einfach. »uns« gibt es in sandras welt ja überhaupt nicht. und die meisten menschen reagieren nicht gerade gefasst darauf, an einer bushaltestelle von einer körperlosen stimme aus dem nichts zu ihrer tagesplanung befragt zu werden. wir brauchen also eine neue person, die die frage für uns stellen kann.

und dann schreibt man zum beispiel einen typen dazu. so einen typen, dem man schon ansieht, dass er gerne leute an der bushaltestelle zulabert. und der sieht und erkennt dann die bewerbungsmappe und nickt ihr dann so wissend zu, wie so leute einem immer zunicken, bevor sie einen an der bushaltestelle anlabern. und dann sagt er zum beispiel

»vorstellungsgespräch?« und sandra nickt nur so genervt. und der typ fragt dann zum beispiel »wo denn?«

und dann denkt man »na bitte, jetzt erfahren wir's endlich.« aber vielleicht sagt sandra gar nicht, wo sie sich bewirbt, sondern nur »ganz ehrlich, das geht sie nichts an.«

und der typ wäre vielleicht nicht beleidigt und würde das einfach so akzeptieren und ihr nicht weiter auf die nerven gehen. schwer vorstellbar, ich weiß, aber wie gesagt, man kann ja alles erstmal aufschreiben, und dann ist es eben so.

der frage, wo dieser typ jetzt auf einmal herkommt, wo er hin will, ja, wer er überhaupt genau ist, muss man entschieden mit »stopp, das tut jetzt hier nichts zur sache!« begegnen. für manche dinge ist ganz einfach keine zeit.

gut, mal angenommen der typ lässt sie dann also in ruhe. gut für sandra, schlecht für alle, die gerne wissen wollten, wo ihr vorstellungsgespräch ist.

okay, vielleicht fährt an der bushaltestelle sowieso nur die linie 214 und die fährt an irgendeiner fabrik oder so vorbei und diese fabrik ist zum beispiel der einzige nennenswerte arbeitgeber in der gesamten region. kann ja sein. in dem fall schreibt man das so hin.

und so kann man einige der fragen, die sich auftun, natürlich nach und nach abklappern. dann tun sich neue fragen auf. wem gehört die fabrik, was wird da hergestellt, warum gibt es da nur diese eine buslinie. und diese fragen kann man dann auch wieder beantworten und so weiter und so fort.

aber dann hat man immer noch nicht dafür gesorgt, dass auch was passiert.

weil das eigentliche problem, wenn man eine geschichte schreiben will, ist, dass man sich ja quasi dazu verpflichtet, weiterzuschreiben. man kann ja schlecht einfach irgendwelche sachen in die welt schreiben und sie dann einfach ihrem schicksal überlassen. sonst ist diese sandra, die ja jetzt irgendwie existiert, für immer auf dem weg zu diesem vorstellungsgespräch in dieser fabrik. und vorstellungsgespräche sind ja eher etwas, was man tendenziell hinter sich bringen will. wenn sandra also auf ewig auf dem weg zum vorstellungsgespräch ist, ist das nicht unbedingt gut für sandra. das bringt auch wieder fragen mit sich. wie reagiert sandra auf so einen dauerstress? wird sie ungeduldig oder wütend, oder wird sie traurig oder am ende sogar depressiv? da verstrickt man sich in null komma nichts in irgendwelche psychologischen themen. dann kommt man vielleicht am ende doch noch zu dem schluss, vielleicht den satz mit sandra und dem vorstellungsgespräch doch auch wieder zu löschen. und das, obwohl man die frage, wo das gespräch stattfinden sollte, so clever umschifft hatte. obwohl man schon fast das gefühl hatte, sandra ein bisschen kennenzulernen, zu verstehen. wie sie dem typen an der bushaltestelle klar gemacht hat, dass sie kein bock auf smalltalk hat, zum beispiel. das hat sie ja schon irgendwie sympathisch gemacht. aber es hilft alles nichts. der satz kommt wieder weg.

aber dann tut sich natürlich die frage auf, was passiert mit sandra, wenn der satz gelöscht wird. klar, auf 'ne art stellt sich die frage auch schon bei dem satz mit dem kleinen haus am stadtrand, aber irgendwie ist die tragweite ja eine andere. ein haus ist dann halt weg, abgerissen, zusammengefallen, weg. aber ein mensch? eine ganze person? einfach so weg? ausgerechnet sandra? ist sie dann tot? wo ist sie dann? und was wurde eigentlich aus ihrem vorstellungsgespräch? eben stand sie noch an der bushaltestelle, das ganze leben vor sich. und jetzt? wie fühlt es sich an, wenn man nur für eine geschichte kurz erfunden wurde, nur um dann quasi direkt wieder gelöscht zu werden?

alles fragen, alles gute fragen auf die ich ehrlich gesagt keine antwort habe. was ist das überhaupt für eine scheiße? wir wollten doch nur eine geschichte schreiben. einfach nur eine kleine geschichte.

wir haben zwei sätze geschrieben und wieder gelöscht und jetzt haben wir diese ganzen unbeantworteten fragen, obwohl wir gar keinen satz mehr da stehen haben. den satz mit dem haus haben wir gelöscht, und den satz mit sandra und dem vorstellungsgespräch haben wir auch wieder gelöscht.

kein ort mehr, wo was passiert. keine person mehr, der was passiert. und nichts mehr, was passiert. tolle geschichte. eine geschichte nur aus fragen. fragen über fragen.

immerhin haben wir irgendwo einen konflikt. zwar nicht von sandra, die gibt es ja nicht mehr, aber unseren ganz eigenen. das ist doch auch was wert. und wir haben einen typen an einer bushaltestelle und eine strukturschwache region mit einer einzigen firma als irgendwie relevanten arbeitgeber. und absolut nichts, was da passiert. na schönen dank auch. dafür muss ich keine geschichte schreiben, das kann ich auch so jeden tag haben.

im besten fall lässt man das mit dem geschichten schreiben also direkt bleiben. dann braucht man sich über sowas nicht den kopf zu zerbrechen. es ist sowieso schon spät und morgen früh kommt wieder der bus zur fabrik.

obwohl, damit können wir am ende wenigstens die frage nach der perspektive beantworten: keine.

Schreibimpuls · Schreibe über jemanden oder aus der Sicht von jemandem, der∗die die Welt mit ganz anderen Sinnen wahrnimmt als du.

endlos

Pauline Puhze

das abschließende wort
wurde stets durch
neue äußerungen übergangen
um nie die
vergänglichkeit zu spüren
nach dem letzten
satz konstruierte ich
neue buchstaben und
kehrte schlussendlich süchtig
zum auftakt zurück
die finale frage
formte nie eine
antwort es war
mir stets unergründlich
welche angespülten erzählungen
an ufern pausieren

für meine antworten
steht ein ungelöstes
rätsel der erzählung
parat ich konnte
nie jenen absprung
schaffen der ein
letztes kapitel realisiert

es war ein
fremdes bett in
dem ich schlief

in der verborgenheit
liegen geheimnisse ich
fürchte einen abschließenden
satz wie einen
letzten kuss ich
habe weder ein
buch beendet noch
eine geschichte bis
zum ende gelesen

– – –

welche liebeszeilen konnte
mr. darcy in
den tiefen der
bücher finden was
liegt hinter dem
zweiten stern rechts
in der morgendämmerung
versteckt – –

– – –

ich habe abgebrochen
um nie am
ende zu sein
ich habe aufgegeben
um nie mit
einer sache fertig
zu sein -
ich habe ein
talent etabliert welches
keinen wert besitzt
ich habe ein

talent geboren welches
im anbruch des
winters wertvoll ist

— — —

die große traurigkeit
wurde am fünften
tag des novembers
erstmals dokumentiert im
rasenden takt eines
großstädtischen zeitempfindens fallen
die jalousien auf
fensterbänke um an
geschlossenen plätzen zu
verrosten die augen
der betroffenen sind
permanent von tränen
erfüllt eine gewisse
glasigkeit lässt den
spiegel des eigenen
zerfalls in der
mimik eines dialoges
erblühen entfaltet durch
die letzten sätze
des besten romans
welcher jemals die
gedanken der menschen
erfüllte die paraphrasierung
entfaltete eine dunkelheit
welche nach fünfundzwanzig
tagen eisblumen auf
neuronennetzen skizziert der

vernichtende buchrücken starrt
aus bücherregalen in
meinen expressionismus die
unergründlichen letzten sätze
haben mir für
eine vollkommene erzählung
gefehlt – –

– – –

ich habe nie
ein buch bis
zum ende gelesen

Schreibimpuls · Schreibe einen Text, in dem sich
ein scheinbar unnützes Talent als besonders wertvoll
herausstellt.

SEHEN

Die Schreibimpulse

Ich weiß nicht, ob es einen guten oder schlechten Schreibimpuls gibt. Am Ende treibt jede Anregung irgendwie einen Prozess voran. Selbst das Gefühl, mit einer Vorgabe nicht zufrieden oder einverstanden zu sein, kann inspirieren. Und am Ende ist ein Impuls eben auch nur ein Impuls. — Levin Simmet

Die Impulse stammen entweder von meinen Gästen oder von mir und sind umgekehrt chronologisch nach dem Verlauf des Blogs sortiert – die letzten Aufgaben stehen also ganz oben. Teilweise sind sie leicht verändert, wenn sich etwa ein Impuls spezifisch auf eine Person bezog. Seitenzahlen hinter einer Schreibaufgabe zeigen an, dass eine Umsetzung im Buch zu finden ist.

→ Schreibe ein Gedicht in Hexametern über einen tapsigen Pinguin, der unbeschwert durch die Großstadt irrt.

→ Geh zu dieser Schublade, die jede Wohnung hat, und in der jede Menge schlecht sortierte Dinge liegen. Nimm etwas heraus. In welcher Situation könnte genau dieses Ding ein Leben retten?

→ Verbringe einen Tag im regnerischen London mit Prinzessin Diana. Euch verbindet die Liebe zu türkischem Kaffee.

→ Irren ist menschlich! Welche Annahme oder Einstellung, die du früher einmal hattest, lehnst du heute vollständig ab?

→ Schreibe einen Text, in dem du keinen Bock auf deine Schreibaufgabe hast und ausnahmsweise mit einer KI schummelst.

→ Suche aus deinem Handy ein Foto heraus, das möglichst genau ein Jahr alt ist. Stell dir vor, du wüsstest nichts darüber und siehst es zum ersten Mal. Lass dich von dem, was du siehst, zu einem Text inspirieren!

→ Wenn wir Widersprüche miteinander vereinen müssen, um weiterzukommen.

→ Was würdest du gerne glauben, kannst es aber nicht? Versuche, dich selbst du überzeugen!

→ Schreibe eine Hommage an deine*n liebste*n Regisseur*in. • S. 127

→ Schreibe einen Text, in dem sich ein scheinbar unnützes Talent als besonders wertvoll herausstellt. • S. 213

→ *If I was a rich girl*. Beschreibe einen Tag in deinem Leben als reiches Mädchen.

→ Schreibe einen Text, in dem jemand etwas Überraschendes lieben und etwas anderes hassen lernt. • S. 182

→ Schreibe eine Geschichte, in der du mit deinen Gefühlen in einer WG zusammenwohnst. Alle Farben des Farbkastens, eine Katze und eine kaputte Gießkanne sollen darin vorkommen. • S. 67

→ Schreibe einen Text, in dem eine Überzeugung durch eine Begegnung ins Wanken gerät.

→ Erzähle von einer Nacht, in der du überreichlich viele verbotene und unmoralische Dinge getan hast, und verwende dabei Worte aus dem gefühlten Grundschulwortschatz.

→ Finde drei Worte aus anderen Sprachen, für die es keine gute deutsche Entsprechung gibt. Schreibe einen Text, in dem deine Vorschläge für die deutschen Versionen dieser Worte vorkommen.

→ Können Menschen sich ändern? Was ist dafür nötig?
• S. 76

→ Alle sollen ja ihre Privilegien checken. Aber wer hat deiner Meinung nach WIRKLICH einen Vorsprung im Leben, über den noch gar nicht gesprochen wird?

→ Schreibe einen Text, in dem verschiedene Geschmäcker (z.B. süß, sauer, bitter, scharf) vorkommen – als Ich-Figuren.
• S. 165

→ Mache beim nächsten Gang durch die Stadt ein Foto von einem Auto, das dir auffällt. Schreibe dann einen Text, in dem dieses Auto zu schnell unterwegs ist. • S. 199

→ Schreibe eine Rezension zu einem fiktiven Roman, die so klingt, als wäre sie nicht ganz fehlerfrei aus einer anderen Sprache ins Deutsche übersetzt worden.

→ Stelle dir einen Menschen in einem Beruf vor, der noch nie in einem deiner Texte eine Rolle gespielt hat. Überlege dir dann einen aussichtslosen Kampf, den dieser Mensch führt.

→ Schreibe das Editorial der letzten im Print erscheinenden Ausgabe der Apotheken Umschau. Adressiere dabei auch deine Mutter.

→ Pitche einen Fitness-, Lifestyle oder Ernährungstrend, der den wirklichen Problemen der Moderne begegnet.

→ Was ist die größte Lüge, die dir als Kind erzählt wurde und wie hat diese dein Leben beeinflusst? • S. 157

→ Schreibe einen Text, in dem jemand auf etwas wartet.

→ Du bist wieder zwei Jahre alt. Was beschäftigt dich, wie sehen deine Tage aus?

→ Denk an eine (bekannte) Geschichte für Kinder. Schreibe eine Fortsetzung oder ein Spin-Off, aber als Text für Erwachsene.

→ Schreibe eine Geschichte, in der du etwas herausfindest, das du lieber nicht gewusst hättest. Beginne mit dem Ende.

→ Schreibe einen Text, in dem eine (scheinbar?) unmoralische Wette eingegangen wird.

→ Schreibe einen Text über Widerstand aus der Sicht der Instanz, der widerstanden wird.

→ Schreibe einen Text, in dem jemand alles auf eine Karte setzt.

→ Kehre an einen Ort aus einem Text zurück, den du vor längerer Zeit geschrieben oder gelesen hast. Was hat sich dort inzwischen getan?

→ Welche überraschende Personengruppe könnte mit einem Streik wirklich die Gesellschaft ins Wanken bringen?

→ Schreibe ein Gutachten, in dem etwas Erlaubtes kriminalisiert wird.

→ Wenn du für einen Tag morgens dein Leben speichern und dann bei Bedarf zu diesem Punkt zurückkehren könntest – was würdest du tun?

→ Schreibe einen nichtfiktionalen Text zu folgender Frage: Wie wird das Leben für dich sein, morgen, in einem Jahr, in 15 Jahren? Was fühlst du, wie es wird? Was weißt du sicher, was kannst du nur hoffen? • S. 175

→ Schreibe einen Text, in dem fünf Nomen mit je einem widersprüchlichen Adjektiv versehen sind.

→ Schreibe einen Text über eine Person, die durch die Stadt wandelt und sich dabei weder im Moment anwesend fühlt noch die Realität verstehen kann, trotzdem aber alles wahrnimmt.

→ Schreibe einen Text, in dem eine Sache seltsam riecht, eine andere komisch klingt und eine dritte merkwürdig schmeckt.

→ Schreibe eine Liebesgeschichte, die (ausführlich) damit beginnt, dass sich die zwei (später liebenden) Personen in einer Bäckerei lautstark streiten.
Eine wesentliche Rolle in deiner Geschichte müssen getrocknete Aprikosen (die weichen), die Farbe Gelb sowie das Land Gabun spielen. • S. 85

→ Du betrittst ein Zimmer – und an der Wand hängt etwas vollkommen Überraschendes. Was hat es damit auf sich? Wie kommt es dort hin, warum hängt es noch dort? Schreibe davon ausgehend einen Text.

→ Elon Musk landet alleine auf dem Mars. Schreibe einen Monolog im Stil eines klassischen Dramas.

→ Suche dir einen Song aus, in dem eine namentlich genannte Person angesprochen wird. Verfasse eine Antwort.

→ Nimm dir eine wahre Geschichte und drehe ihre Deutung um, vom Tragischen ins Komische oder umgekehrt.
• S. 62

→ Stell dir vor, du findest in einem Fotoautomaten einen Abzug mit vier Bildern, die jemand vergessen hat.
Wer oder was ist darauf zu sehen? Und welche Geschichte erzählen die Bilder?

→ Schreibe den inneren Monolog von jemandem, der*die merkt, dass einer seiner*ihrer Posts überraschend viral geht.

→ Geh an deinen Kleiderschrank und such ein Stück aus, das du lange nicht mehr anhattest. Stelle es in den Mittelpunkt eines Textes.

→ Suche dir eine Küche aus dem aktuellen IKEA-Katalog. Lass die Handlung in dieser Küche spielen.

→ Schreibe einen Text, in dem ein dummer Mensch und eine schlaue Maschine aufeinandertreffen.

→ Schreibe einen Songtext aus der Sicht deiner Gitarre.

→ Suche dir eine Figur aus einem alten Gemälde/einer Skulptur o.ä. aus. Erwecke sie in unserer Zeit zum Leben. Was geschieht, was sieht, erlebt und tut sie?

→ Schreibe aus der Sicht eines unsichtbaren Wesens.

→ Schreibe einen Text über ein Körperteil, das zu wenig Beachtung erfährt.

→ Schreibe einen Text, in dem fünf Missgeschicke vorkommen. Zwei davon müssen sich gegenseitig beeinflussen, eines muss groß sein, eines klein und eines komplett anarchisch. • S. 112

→ Schreibe mindestens vier Vierzeiler zu ein- und demselben Thema, die jeweils eine ganz verschiedene Haltung und Perspektive darauf haben.

→ Schreibe einen Text, in dem du metaphorisch etwas unter deinem Kissen versteckst, das du eigentlich nicht verstecken willst.

→ Denke an ein Missverständnis, einen Irrtum, eine falsche Wahrnehmung, einen Aberglauben, den du als Kind hattest. Was wäre, wenn du damals im Recht warst? Schreibe davon ausgehend einen Text!

→ Schreibe eine Szene, die im Sommer spielt. Du darfst aber kein Wort verwenden, das im »Wortprofil« von Sommer (nach dwds.de) vorkommt!

→ Stelle dir vor, du findest eine alte Geschichte, die du geschrieben hast. Wie ist es ihr und ihren Figuren ergangen, seit du sie zuletzt gesehen hast?

→ Schreibe einen Text, der in der Zukunft beginnt und in der Vergangenheit endet. Ein selbst verfasstes dadaistisches Gedicht soll darin eine zentrale Rolle spielen und auch zu lesen sein.

→ Denke an eine geschriebene oder ungeschriebene Regel. Was wäre, wenn es sie nicht gäbe – oder sie auf den Kopf gestellt würde? Schreibe davon ausgehend deinen Text!

→ Schreibe ein Gedicht, in dem es um »Abschließen« in zwei Bedeutungen des Wortes geht.

→ Denke an etwas, das zwei Dinge verbindet, und reise gedanklich vom einen zum anderen. Erzähle in deinem Text von mindestens drei Etappen dieser Reise.

→ Schreibe eine Geschichte, in dem die Figur(en) mit ikonischen Fragen aus Songtexten konfrontiert werden und Antworten darauf finden müssen.

→ Schreibe einen Text, in dem etwas kaputt geht und dadurch eine ganz neue Funktion oder Bedeutung gewinnt.

→ Schreibe einen Text, bei dem die Anfangsbuchstaben der Worte, zusammengenommen, wiederum den Text ergeben.

→ Schreibe je sechs Themen, Gattungen und Emotionen auf und nummeriere sie. Würfle jeweils und schreibe einen Text mit den so bestimmten Parametern. • S. 203

→ Beschreibe drei Szenen einer Beziehung auf den Beat und mit dem Refrain von »Die Eine« von »Die Firma«.

→ Schreibe über ein Thema, bei dem sich deine Einstellung, dein Wissen oder deine Perspektive in den letzten fünf Jahren dramatisch geändert hat.

→ Schreibe einen Text, der von Island handelt, ohne Island zu benennen, und der in Afrika spielt.

→ Schreibe einen Text, der eine gängige Weisheit auf den Kopf stellt.

→ Schreibe ein Prosagedicht und halte dich dabei in einer von dir gewählten Weise an ein magisches Zahlenquadrat – mit einem besonderen Augenmerk auf die Zahlen Drei, Fünf und Sieben.

→ Nimm einen Satz oder Vers von dir, den du magst. Setze ihn in einen neuen Kontext und schreibe einen Text daraus.

→ Schreibe einen Text zur Farbe Blau. • S. 173

→ Schreibe einen Text, dessen Hauptfigur etwas sehr gut beherrscht, das du überhaupt nicht kannst.

→ Baue offenkundig erfundene Informationen und Fakten in deinen Text ein. Nutze sie, um jemandes Verhalten zu erklären oder zu motivieren.

→ Denk dir eine alte Keksdose, in der statt Keksen etwas Überraschendes ist. Lass dich davon zu einem Text inspirieren.

→ Schreibe einen Brief an dich in zehn Jahren.

→ Schreibe eine Geschichte, in der ein Kompliment etwas auslöst oder verändert.

→ Schreibe einen Text, bei dem sich der*die Lesende unmittelbar monetär sehr reich fühlt.

→ Finde das Schöne in einer hässlichen, unangenehmen, lästigen Sache oder Tätigkeit.

→ Schreibe eine Spam-Mail für etwas, das du magst.

→ Schreibe einen Text, der etwas Uncooles gründlich rehabilitiert.

→ Schreibe einen Text, der (dich) entzündet. • S. 117

→ Lass dich von einem Wetterphänomen zu einem Text inspirieren.

→ Schreibe einen Text aus der Ich-Perspektive, in der das lyrische Ich bzw. der*die Erzähler*in extrem unsympathisch rüberkommt.

→ Nimm ein Smalltalk-Thema viel zu ernst. • S. 195

→ Interpretiere einen Song, ohne Interpret*in oder Titel zu nennen.

→ Gib in deinem Text einen guten Rat weiter, den du in deinem Leben erhalten hast.

→ Schreibe einen Text, der aus zwei Hälften besteht, die in beliebiger Reihenfolge gelesen werden können. • S. 90

→ Schreibe über jemanden oder aus der Sicht von jemandem, der*die die Welt mit ganz anderen Sinnen wahrnimmt als du. • S. 208

→ Schreib über ein Gefühl, dass man nur in sehr großen Menschenmengen oder in kleinen Gruppen hat.

→ Bringe in deinem Text ein Idol zu Fall oder rehabiliere eine Schurkin / einen Bösewicht.

→ Verfasse eine moderne Adaption von F. Schillers Ballade »der Handschuh«.

→ Überlege dir einen klugen Satz, den einmal jemand zu dir gesagt hat. Lege ihn einer Figur in deinem Text in den Mund.

→ Mach uns beim Lesen ein X für ein U vor. • S. 103

→ Schreib einen Text, in dem sich eine Redewendung als falsch herausstellt.

→ Schreibe einen Text, ohne objektive Äußerlichkeiten zu beschreiben. • S. 98

→ Schreibe einen Text, in dem mindestens drei Menschen ein und dieselbe Sache ganz verschieden erleben.

→ Schreibe etwas Unerhörtes, geradezu Verstörendes, das mindestens zur Hälfte wahr ist.

→ Suche dir in deiner Umgebung einen selten genutzten Gegenstand. Weise ihm für deinen Text eine ganz neue Rolle zu!

→ In deinem Text darf jedes Wort nur einmal vorkommen. • S. 137

→ Erfinde ein Wort, das es dringend noch geben sollte. In deinem Text muss es vorkommen, aber nicht unbedingt im Mittelpunkt stehen.

→ Verfasse eine Facebook-Kommentarspalten-Diskussion zu einem aktuellen Thema.

→ Schreibe einen überraschenden Brief.

→ Schreibe einen Liebesbrief, der gar kein Liebesbrief ist.

→ Schreibe einen Text, in dem eine Norm/Regel/Faustregel gebrochen wird, und brich dabei eine Konvention zum guten Schreiben.

→ Wie würde dein Zweifel als Mensch aussehen? • S. 161

→ Schreibe einen Text über einen Ort, der dir viel bedeutet. Nutze dabei mindestens einmal Synästhesie als Stilmittel. • S. 190

→ Schreibe einen Text, in dem du einer schlechten Eigenschaft oder Angewohnheit von dir etwas Positives abgewinnst. • S. 95

→ Schreibe einen Text über ein unterschätztes Gefühl.

→ Schreib die fiktive Biografie der ersten dir völlig unbekannten Person, die dir begegnet. • S. 147

→ Schreibe einen Text, in dem eine Zahl eine besondere Rolle spielt, und zwar in genau dieser Anzahl an Sätzen.

→ Schreibe einen Text, der es einem zunächst schwer macht, ihn zu mögen. • S. 110

→ Schreibe einen Text, in dem etwas verloren geht, jemand etwas sucht und etwas gefunden wird – aber es sind drei verschiedene Dinge.

→ Schreibe ein Kochrezept. • S. 168

→ Suche dir einen Gegenstand im Raum, in dem du gerade bist. Stell dir nun vor, Wissenschaftler*innen der Zukunft finden ihn als einziges Relikt unserer untergegangenen Welt – welche Schlüsse würden sie ziehen?

- Ich wünsche mir etwas, von dem ich nicht weiß, wie es endet. • S. 139

- Schreibe über etwas, das fehlt, ohne es zu benennen.

- Schreibe einen Text, in dem niemand Spaß hat, aber am Ende alle was zu lachen haben.

- Suche dir drei Wörter, die deiner Meinung nach viel zu selten benutzt werden. Schreibe einen Text, in dem alle drei vorkommen, ohne im Mittelpunkt zu stehen.

- Schreibe einen Text, in dem Vandalismus und Sabotage positiv dargestellt werden. • S. 141

- Schreibe einen Text, in dem etwas Besonderes zu etwas Alltäglichem wird.

- Schreib ein Gedicht über eine Person. Die Anfangsbuchstaben der Verse müssen, untereinander gelesen, ihren Namen ergeben.

- Schreibe einen Text, der durch einen Tippfehler eine entscheidende Wendung nimmt.

- Schreibe eine Traurede, die auch als Trauerrede funktionieren würde.

- Schreibe einen Text, in dem jemand beim dritten Versuch eine Chance ergreift.

- Schreibe einen Text, in dem eine ungewöhnliche Stellenanzeige eine tragende Rolle spielt. • S. 58

→ Nimm das erste Buch in Griffweite und schlage eine zufällige Seite auf. Der erste vollständige Satz, den du liest, ist die Überschrift deines Textes.

→ Schreibe einen Text, in dem eine unangenehme körperliche Empfindung positiv umgedeutet wird. • S. 155

→ Mach aus einem einfachen, bekannten Witz eine tragische Geschichte.

→ Schreibe einen Text, in dem drei Generationen und drei Alliterationen vorkommen.

→ Schreibe einen Text, in dem ein Alltagsgegenstand verschiedene Rollen und Bedeutungen erhält.

→ Schreibe einen Text, der sich selbst vergisst.

→ Schreibe einen Text, in dem sich zwei Sinneseindrücke zu widersprechen scheinen. • S. 206

→ Dein Impuls: Vom Krieg zum Frieden.

→ Schreibe einen Text über Verbindungen, in dem das Wort »und« nicht vorkommt.

→ Schreibe einen Text, der als (semi-)wissenschaftliche Abhandlung startet, aber nicht so endet.

→ Schreibe einen Text, dessen Inhalt und dessen Darbietungsform aus zwei völlig verschiedenen Zeiten stammen. • S. 187

→ Schreibe einen Text, der sich um die Wechselwirkung zweier Kräfte dreht. • S. 72

→ Schreibe mindestens zwei Gedichte, die sich mit derselben Sache beschäftigen, aber aus verschiedenen Perspektiven – von denen keine Perspektive deine eigene ist.

→ Schreibe einen Text über das Gefühl, sich im Schwimmbad an Wasser zu verschlucken und (fast) zu ertrinken. • S. 80

→ Erzähle eine Geschichte, die an einem Ort spielt, den du nie betreten würdest oder könntest.

→ Deine Aufgabe ist ein Text, in dem ein Ringlicht eine grausame Rolle spielt und ein Lieblingslied vorkommt. • S. 122

→ Verfasse einen Text, in dem etwas wächst, etwas schrumpft, etwas weich wird und sich etwas verhärtet.

→ Schreibe einen Text, in dem jemand einen Brief einwirft.

→ Schreibe einen Text, in dem sich ein Unglück als Glück und ein Glück als Unglück herausstellen.

→ Denk dir die Origin-Story einer unnützen Superkraft aus.

→ Verfasse einen Text, an dessen Anfang etwas endet und an dessen Ende etwas beginnt.

→ Schreibe einen Text, in dem ein Wort wiederholt falsch verwendet und umgedeutet wird. • S. 152

→ Schreibe ein versöhnliches Gedicht für jemanden, der im Grunde kein Gedicht verdient.

→ Eine Erzählung, die nie richtig losgeht, weil immer etwas dazwischenkommt. • S. 119

→ Schreibe einen Text, in dem mindestens drei starke Kontraste eine Rolle spielen.

→ Erzähle eine Geschichte über eine Utopie oder Dystopie, in der nicht Technologie im Mittelpunkt steht.

→ Verfasse eine Geschichte, in der jemand (fast) an der eigenen Sturheit scheitert, ohne, dass die Worte »stur/Sturheit« oder naheliegende Synonyme genannt werden.

→ Schreibe einen Text, in dem das Wort »Senf« vorkommt und in dem die Frage, ob Butter unter Nutella gehört, mit JA beantwortet wird. • S. 50

Danke

Texte ins Internet schreiben fühlt sich manchmal
an wie eine Träne in den Ozean heulen.
Da ist es gut, wenn man gemeinsam am Strand sitzt.
— Finn Holitzka

In diesem Sinne danke ich zuallererst für jedes liebe Feedback auf egal welchem Wege – wenn es mal zu still wurde im müden Resonanzraum des Netzes, war das lebenswichtig für mein Projekt.

Danke an Marsha dafür, dass sie sofort verstanden hat, worum es mir mit diesem Buch geht und was es sein soll.

Danke an Natalie für die gewissenhafte Lektüre, den weisen Rat und ganz viel Bestärkung.

Es versteht sich von selbst: Mein größter Dank gebührt allen, die mitgemacht haben. Ich habe von Menschen, die professionell kreativ arbeiten, eine erhebliche künstlerische Leistung und einen nicht eben geringen Zeitaufwand gefordert – ohne jede Bezahlung. Lauter Hautärzt*innen, die sich in ihrer Freizeit mal dringend meine schriftstellerischen Ekzeme ansehen sollten.

Sie haben sich auf verquere Aufgaben eingelassen, halbgare Texte durchlitten, sich in Gebiete vorgewagt, die außerhalb ihrer Komfortzone liegen. Und das vor einem Publikum, das vorwiegend aus anderen Kreativen bestand. Nichts macht unsereins nervöser ... Liebe Gäste: Ohne euch und euren Einsatz wäre mir eine Menge Lernen, Wachsen und Freude entgangen. Daher noch einmal, in vornämlich alphabetischer Reihenfolge, Dank an alle, die mitgemacht haben:

Alex Burkhard
Andreas Rebholz
Anna Teufel
Anuscha Zeighami
Benjamin Poliak
Benno Brockmann
Code Kosmo
David Weber
Elias Hirschl
Elif Duygu
Elli Linn
Eva Sauter
Fabian Navarro
Fabian Neidhardt
Fine Degen
Finn Holitzka
Flemming Witt
Friedrich Hermann
Gina Walter
Gregor Biberacher
Hank M Flemming
Henrik Szanto
Jan Cönig
Jason Bartsch
Jay Nightwind
Joel Perrin
Jonas Galm
Jonathan Löffelbein
Josefine von Blueten Staub
Jule Eckart
Kaddi Cutz
Katrin Freiburghaus
Ken Yamamoto

Lara Ermer
Laura Gommel
Lea Loreck
Lea-Lina Oppermann
Lena Stokoff
Leonie Batke
Levin Simmet
Lotta Emilia
Luca Swieter
Lu Komma Klar
Lukas Bühner
Lukas Diestel
Malin Lamparter
Malte Küppers
Marcel Schneuer
Marina Sigl
Marius Loy
Marsha Richarz
Marvin Suckut
Max Kennel
Meike Harms
Mia Ackermann
Mike Hornyik
Mona Harry
Moritz Konrad
Natalie Friedrich
Nicolai Köppel
Nikita Gorbunov
Niklas Rosche
Nils Straatmann
Pauline Puhze
Philipp Herold
Philipp Multhaupt

Rahel Benisch
Samuel Kramer
Sarah Kentner
Sebastian Stille
Stefan Dörsing
Sylvie LeBonheur
Teresa Reichl
Tobi Beitzel
Valerio Moser
Yannik Abrusits
Yannik Sellmann
Yannick Steinkellner

Niklas Ehrentreich steht unter seinem Künstlernamen Nik Salsflausen seit 2011 als Slam Poet, Moderator und Musiker auf der Bühne. 2014 wurde er baden-württembergischer Meister, 2016 deutschsprachiger Vizemeister im Poetry Slam. Sein Blog-Projekt »Rahmen&Reiz« bestand ab Sommer 2021 und wurde im Folgejahr vom Ministerium für Wissenschaft, Forschung und Kunst Baden-Württemberg gefördert, ehe es im Frühling 2023 planmäßig endete. Neben seiner künstlerischen Arbeit ist Niklas Ehrentreich als Redner, Vortragstrainer und Texter aktiv und kocht eine annehmbare vegetarische Carbonara.

Foto: Yassin Adoptante

Außerdem bei Brimborium
erschienen:

Das samtene Chalet

Jonathan Löffelbein,
Saman Shamami und Reno B.

Fünf Tage in einer abgelegenen Waldhütte in Frankreich.
Drei Freund*innen, die sich von Twitter kennen und
nichts zu tun außer essen, trinken, rauchen, schreiben.
In dieser Zeit entstanden fast 100 Texte, die gemeinsam
dieses Buch ergeben. Lyrik, Miniaturen, Aphorismen,
Geschichten. Themen und Motive wiederholen sich, tauchen auf und ab, variieren, je nachdem, welcher der
drei Köpfe sie bearbeitet. Ein Dickicht an Texten, das einlädt, sich ganz kurz zu verlieren.
Willkommen im samtenen Chalet.

140 Seiten, Hardcover, Leineneinband, € 22,00
ISBN 978-3-949615-08-5